Inteligencia Artificial

El futuro del hombre

Inteligencia Artificial

El futuro del hombre

Alejandro Madruga

Tabla de contenido

Prefacio

El libro consta de tres capítulos que han sido escrito de forma independiente, incluso, en diferentes épocas. Pero todos tratan sobre el tema de la relación entre humanos y tecnologías y la incidencia que tendrá la inteligencia artificial en el futuro del hombre.

En el capítulo I, se trata el tema de las máquinas inteligentes y su crecimiento en la dimensión, velocidad de procesamiento de la información el cual parece no tener límites y de que máquinas inteligentes construyan a su vez máquinas más inteligentes aún, lo que nos llevaría al surgimiento de una superinteligencia no humana y las consecuencias que esto tendría y la posibilidad de una tiranía de las máquinas ante el contexto social actual. Se concluye con la importancia de una cooperación entre humanos y máquinas y la necesidad de complementación de ambos.

El capítulo II, el más extenso de todos, comienza con un recorrido histórico que va desde los inicios de la cibernética hasta la inteligencia artificial y se realiza una comparación entre la inteligencia artificial fuerte y la débil. Se explica que es un sistema experto y sus componentes, así como la crisis que ha sufrido la inteligencia artificial, a continuación, se define la ciencia cognitiva su surgimiento, también se exponen las ideas de Francisco Varela y de la importancia de la ciencia cognitiva en otras ciencias, en especial, la inteligencia artificial.

En este capítulo se analiza la singularidad tecnológica de Vinge y se propone una clasificación de los tipos de superinteligencias que surgirán partiendo de las vías para la realización de una singularidad tecnológica propuesta por Vinge. Luego se trata el tema de los riesgos potenciales de una inteligencia artificial avanzada, la cual agudizará los problemas del presente tales, como el desempleo, los enfrentamientos sociales, el control de la información, entre otros y se cuestiona si es posible construir una inteligencia artificial alineada con los intereses humanos. Se concluye con una comparación entre los defensores de las ventajas de las tecnologías y la aplicación en los humanos, los nombro cibernéticos Punk; y a los que ven poco viables o de consecuencias impredecibles la aplicación de las tecnologías en el ser humano, los llamó cibernéticos Zen.

Ya en capítulo III, el último, se toca el tema del transhumanismo: sus orígenes, ideología y los presupuestos tecnológicos con los que aspiran alcanzar la transhumanidad. Y desde un enfoque antropológico se cuestionan los planteamientos transhumanistas sobre los conceptos de naturaleza humana, persona y dignidad humana. Se finaliza con el naciente enfrentamiento, que cada vez coge más fuerza, entre los transhumanistas y los denominados bioconservadores y las posiciones que cada uno de ellos asume ante los problemas que enfrenta el mundo actual.

Los tres capítulos tienen en común la búsqueda de una visión sobre un futuro; donde el ser humano, pueda vivir en armonía con la naturaleza y con las tecnologías; donde pueda manifestar todo su potencial; sin negar su propia esencia humana.

I.-¿Poshumanidad o Poshumanismo?

Lo que vendrá

Una mañana nos levantaremos, caminaremos hacia el espejo y quedaremos sorprendidos al contemplar una imagen diferente.

A los que predicen el fin de la historia, se les han unido los que pronostican el fin de la humanidad y el comienzo de una nueva era poshumana, en la cual las máquinas, lentamente, se irán adueñando de la sociedad.

¿Será posible llegar a una era poshumana? ¿Qué tendrá que suceder o que está sucediendo ya? El hombre construye máquinas –cada vez más potentes– a una velocidad nunca antes imaginada; y mientras el desarrollo de las máquinas parece no tener límites, la especie humana da la impresión que haber detenido su proceso evolutivo. Tiene sentido pensar que las máquinas le darán alcance e incluso lo rebasarán. ¿Y qué sucederá entonces? ¿Tendrá el hombre que someterse al dominio de las máquinas o surgirá alguna forma de fusión entre hombres y máquinas, en la que el hombre pierda su identidad humana y se dé inicio a la era poshumana?

Algunos ven este proceso como algo irremediable, ya que la economía de mercado y su competitividad obligará a los estados a adentrarse en él, quieran o no, para no perder sus posiciones en el mercado mundial. Vaticinan que la creación de entidades con inteligencia mayor que la humana será una realidad en un futuro cercano, antes del 2030, y se podrá alcanzar de diferentes modos.

Pueden desarrollarse computadoras "conscientes" con una inteligencia equivalente a la humana o superior.

Las grandes redes de computadoras con sus usuarios asociados, pueden despertar como entidades superinteligentes.

Las interconexiones entre humanos y computadoras pueden llegar a tal nivel de profundidad que los que la usen actúen como superinteligencias.

La ciencia biológica puede lograr métodos que mejore el intelecto humano natural.

"Las tres primeras dependen de mejoras en el soporte físico (*hardware*) de las computadoras. Los progresos del *hardware* han seguido una curva de crecimiento increíble en las últimas décadas. Basándome en esto creo que la creación de inteligencia más que humana ocurrirá dentro de los próximos 30 años".

Máquinas inteligentes

Una superinteligencia está surgiendo en nuestras narices, mientras la humanidad duerme en el más profundo conformismo.

Ya en la década del 60 Paul Amer plantea que el pensamiento es un continuo n-dimensional donde cada dimensión está dada por un factor de inteligencia, y hace una comparación entre hombres y máquinas en dos de las n-dimensiones: la velocidad de procesamiento y la sofisticación de los procesos de información. "Con respecto a la velocidad cruda –señala–, las máquinas sobrepasan a los hombres, pero cuando se llega a la sofisticación de los procesos información disponibles, las máquinas lucen bastante pobres". Y se pregunta si pueden las capacidades de las máquinas ser mejoradas en esta dimensión. A esto responde: "Es irrelevante si existe o no alguna cota superior por encima de la cual las máquinas no puedan seguir avanzando en este continuo. Aun si existiera tal límite, no hay evidencia de que esté localizado cercano a la posición ocupada por las máquinas de hoy día".

Actualmente las máquinas superan al hombre en precisión, en rapidez de análisis y en resistencia (una computadora puede estar horas haciendo cálculos repetitivos y tediosos sin equivocarse). Mientras la máquina evoluciona a una velocidad vertiginosa, el hombre está sometido a un proceso evolutivo mucho más lento. La máquina progresa infinitamente; es más rápida, tiene más memoria y mejores métodos de manipulación de la información. Esto se debe al acelerado desarrollo que tienen las computadoras: varios procesadores en paralelo, velocidad suprior a los 3 GHz, capacidad de memoria de varios *Gigabytes*, etc. Ello nos lleva a máquinas cada vez más evolucionadas dentro de su continuo n-dimensional; por métodos muy diferentes a la mente humana, y no se vislumbran limitaciones para el incremento constante de esta Inteligencia Artificial, la que será tan diferente a la del hombre, que no sé si tendrá sentido pensar en alguna forma de "equivalencia" con la mente humana.

Con respecto a la creación de una máquina que constituya un equivalente del ser humano, hay que preguntarse; primero, si es posible, y después, definir lo que entendemos como equivalente. Todo depende de lo que se quiera reproducir: una máquina dotada de emociones –que por supuesto incluiría las pasiones humanas–; una máquina puramente racional, carente de sentimiento, o una máquina ideal con todas las cualidades humanas y ninguno de sus defectos.

Las máquinas, debido a su velocidad de "pensamiento" –las computadoras en la resolución de problemas por ejemplo– ya en estos momentos son capaces de vencer a los mejores ajedrecistas, incluso al campeón mundial, y lo realmente significativo es que la máquina basa su fuerza no en la intuición o en la flexibilidad –y mucho menos en la percepción del peligro–; sino simplemente en el análisis, casi exhaustivo, de las variantes más fértiles o, lo que es lo mismo, en una búsqueda heurística facilitada por su enorme velocidad en el cálculo de las combinaciones hasta una profundidad que el ajedrecista más combinativo no puede alcanzar.

Si ampliamos la concepción de la velocidad de cálculo de las variantes a velocidad de razonamiento para la resolución de problemas, estaremos ante una inteligencia superior a la humana. La máquina podrá analizar las variantes de un problema, ya sea técnico, médico o económico, y darle solución en segundos; por ello, el hombre resultará una criatura demasiado lenta para ésta.

Una de las ideas más discutidas es la de las máquinas superinteligentes, capaces de construir, a su vez, máquinas más inteligentes. Si aceptamos que su inteligencia se basa principalmente en su soporte físico, el *hardware* –lo cual no es difícil, si tenemos en cuenta que el soporte físico de la psique humana es el cerebro– y nuestra inteligencia se genera en nuestro cerebro, ¿por qué no considerar que será hardware y no el software (los programas que la hacen funcionar) el elemento base del desarrollo de las máquinas? Entonces bien podemos aceptar que mientras más componentes electrónicos tenga: más procesadores centrales funcionando en paralelo, más memoria, más velocidad de ejecución, etc., será más inteligente. Y, ¿quién niega que una máquina inteligente no sea capaz de aumentar las capacidades de las próximas generaciones construyendo máquinas cada vez mejores, infinitamente, sin que el hombre participe en este proceso? ¿No sería esto el fin de la humanidad? Por suerte hay detalles poco claros. Hasta ahora sólo se ha hablado de una evolución cuantitativa. Con este tipo de desarrollo, llegaremos a máquinas que se nos impondrán no por poseer una inteligencia flexible y armoniosa, sino por una inteligencia, tal vez una superinteligencia basada en la fuerza bruta: una extraordinaria velocidad de razonamiento y nada más. No obstante, puede existir alguna forma de salto cualitativo, en la cual, por lógica, deba intervenir la "lenta" inteligencia humana.

Ante el peligro del dominio de las máquinas, algunos ya están pensando en su posible confinación. Para ello proponen insertar reglas en la "mente" de la entidad "superhumana". Dudo que el hombre construya algo que no posea utilidad para él y que después tenga que estar imponiéndole restricciones morales. Creo que las máquinas inteligentes serán tan específicas que ya de hecho estarán confinadas a tareas que no implicarán ningún peligro para el hombre. En mi opinión, el desarrollo hay que verlo por etapas. Una primera de especialización: máquinas que juegan ajedrez, máquinas para actividades jurídicas, máquinas para diseños arquitectónicos, mecánicos, eléctricos y otros y otros sistemas de ayuda al diseño (CAD). Éstas serían máquinas con un *hard* adecuado a los sistemas que van a soportar, de forma tal que puedan ser utilizadas como un especialista en ese campo de aplicación.

Siguiendo el principio de utilidad, estas máquinas se podrán ampliar a otros campos afines, sin ningún tipo de restricción (sólo las puramente técnicas); o sea, estarán programada con reglas de como obrar ante problemas tecnológicos. Y será totalmente natural que si un robot está martillando y usted le pone la mano debajo del martillo le apachurre los dedos. No hay que confiar tanto en la inteligencia de la máquina, como en el sentido común de los humanos. La cuestión es, si necesitará o no el hombre darle funciones éticas a la máquina, o mejor dicho, darle participación en las cuestiones sociales. Es decir, que participe en sus actividades recreativas, que asista a los banquetes, por ejemplo: ¿Cuán humanas tendrán que ser las máquinas para que sean más útiles y *nos reporten mayores ganancias*? ¿Deberá emborracharse de vez en cuando? ¿Adquirirá ella por sí sola una conciencia humana, que incluya sentimientos, motivaciones, deseos?

No se puede pensar en un ente superhumano sin analizar estas cuestiones a fondo. Aceptamos que las máquinas serán cada vez más inteligentes y que podrán superar al hombre en muchas actividades; pero no creemos que estas –basadas únicamente en su rapidez de razonamiento– superen al hombre, y que, por tanto, éste tendrá como única solución la de integrarse en esa sociedad de máquinas (sociedad que el mismo ha creado). Esta conclusión subestima al hombre, lo considera una criatura carente de posibilidades espirituales y de confianza en sí mismo; así como que sólo está motivado por las ganancias "el hombre es una máquina de hacer dinero", y si para hacerlo tiene que convertirse en una máquina en cuerpo y alma, lo hará.

Pienso que hay que ver a las máquinas como seres electrónicos no comprometidos que, a diferencia de muchos humanos, que se preocupan emocionalmente por los demás sin intentar ayudarlos (sufren sus problemas pasivamente, incluso llegan a ponerse en el lugar de ellos), a la máquina sólo le preocuparán aquellas cosas que ella pueda solucionar y será de gran apoyo a los humanos sin necesidad de sentirse afectada emotivamente.

Como Inteligencia Artificial las máquinas seguirán su propia evolución, hasta convertirse en entes inteligentes y, como su evolución será ilimitada, no dudamos de que lleguen a poseer "autoconciencia", que sean conscientes de su propia inteligencia. Tendremos otra inteligencia, tal vez con otra conciencia, no humana, con sus motivaciones propias, surgida de las necesidades de su espacio vital, y poseerá hasta su propio "sentido de la vida".

Sus criterios no tienen que ser los mismos del hombre y, si los humanos somos lo suficientemente sabios, haremos todo lo posible porque así sea, trataremos por todos los medios de que la máquina siga su propio proceso evolutivo con su propio espacio social. El hecho de que la máquina tenga otro espacio, con otras motivaciones; hace innecesaria la propuesta de someterla a algún tipo de confinamiento para evitar su predominio, ya que las superinteligentes máquinas serán un producto de la cooperación con los humanos y no una asociación forzada; mucho menos alguna forma de interconexión en la que estarán luchando por el mismo espacio vital.

Lo importante es que posean su propio espacio y estén condicionadas a la aceptación de su cooperación con otras especies: los humanos, los animales, las plantas, la naturaleza, etc. Las máquinas tendrán que velar por la ecología, por el cuidado de las plantas, por la salud del hombre y por su propia evolución y ahí radicará su "autoconciencia".

Hasta hoy se han considerado los términos de inteligencia y conciencia como exclusivamente humanos, sin duda estos conceptos tendrán que ampliarse, sin caer en el reduccionismo. Cada especie puede tener su inteligencia y su conciencia individual y colectiva; ya sea una planta, un animal o una máquina, Incluso, cada especie tiene atributos propios que el hombre como especie no posee, al igual que conductas sociales que pueden ser más eficientes que la humana, y no por eso son superiores al hombre. Lo que quiero decir es que cada especie ha seguido su evolución, que las máquinas no serán una excepción, y que estamos en presencia de esa evolución.

Es cierto que las máquinas seguirán progresando infinitamente, que llegarán a tener su propia inteligencia; solo que esta última estará dada por la evolución tecnológica (por llamarle de alguna forma a la generación de nuevas máquinas y al contexto social y cultural que ellas mismas se irán creando en la relación entidad inteligente y sociedad). Además, avanzarán por la cooperación entre máquinas y humanos, y entre máquinas y naturaleza, y, sobre todo, por la influencia de la cultura humana: religión, filosofía, arte, política, etc., que será la conciencia social que en fin de cuentas trace las pautas de toda la sociedad.

Otras formas de lograr la superinteligencia son las redes de computadoras y las interconexiones humano computadora. Las redes –llamadas por algunos ciberespacios– no pueden hacer que el hombre pierda su humanidad, más bien parecen ampliar las potencialidades humanas. El que aumente la posibilidad del hombre de trasmitir y recibir información, de interactuar de manera inmediata con otras inteligencias distantes, es independiente del medio en que se produzca, da lo mismo la vía que se utilice: teléfono, computadora, etc. La comunicación no es más que un medio y no el fin en sí mismo. Es el hombre quien decide para qué fines utilizar estos medios y si decide darle un mal uso, esa es su responsabilidad. No es la bala que mata, sino quien la dispara.

La interconexión humano-computadora es otra cosa. Existen argumentos que no se pueden ignorar. Sabemos que el cerebro humano no es utilizado en todas sus posibilidades, el problema está en que con las computadoras sucede lo mismo, nadie utiliza las máquinas en todas sus potencialidades. Por tanto, debemos partir de una interconexión de dos entidades subutilizadas que deben procurar, precisamente, el mayor rendimiento en esta relación. Entonces, por qué creer que sólo las máquinas alcanzarán su máxima potencialidad (potencialidad que depende del uso que le de ese individuo que no utiliza su cerebro a plena capacidad). El hecho de que un hombre, utilizando una computadora, sea más productivo que otro sin ella, no es razón para creer que es la máquina la que le proporciona la inteligencia al hombre; esto sería igual a afirmar que un hombre con una mandarria es más fuerte que otro, porque puede derrumbar con ella una pared. En fin, ciberespacio no es una superinteligencia de las máquinas, sino una superinteligencia social; más bien una superconsciencia social. Es un fenómeno que irá conformando la conciencia social del planeta.

La *singularidad* (o sea, el "despertar de la conciencia de la máquina" referida por Vernor Vinge) implica un descontrol intelectual. En otras palabras, la ciencia se les escapa de las manos a los científicos y, a través de la conexión de las máquinas, de la noche a la mañana, ellas se convierten en las regentes del planeta. Sin embargo, podemos ver con otra óptica la revolución que se está produciendo dentro de la inteligencia artificial con los sistemas cooperativos. No tiene que necesariamente llevarnos al fin de la humanidad (era poshumana).

Los sistemas cooperativos se basan en la relación hombre-máquina, y habría que analizar qué puede contribuir a que, en lugar de una relación de equilibrio y complementación, se produzca una simbiosis en la que el hombre inexorablemente pierda su identidad. El hecho de que un ingeniero, al resolver problemas con ayuda de los programas contenidos en una máquina, sea más eficiente; y mientras más inteligentes sean estos programas, resulte más fácil su tarea; así como si así lo desea, pueda dedicarse a la parte más creativa del problema, no me conduce a esa conclusión, más bien todo lo contrario. La máquina puede complementar al especialista, le puede servir como una memoria externa, apoyándole en la solución, ya sea manipulando conocimientos, o, lo que es mejor, almacenando la forma como se resolvió el problema (aprendizaje) para casos similares que se puedan presentar.

Los teóricos de la superinteligencia esperan que se produzcan a cambios radicales en la forma de pensar del hombre y sobre todo en sus concepciones éticas (surgimiento del hombre nuevo o hombre tecnológico). ¿Arrastrara la competencia al hombre a introducir cambios en su individualidad? ¿Perderá su identidad? En fin, ¿cederá su humanidad en aras de la eficiencia, o, lo que es lo mismo, de una mayor competitividad en busca de mayores ganancias o de conquistar nuevos mercados? ¿Viviremos en un mundo de *Ciborg* (individuos con trasplantes cerebrales parte humanos y parte máquinas)?

La idea de los *Ciborg* sería factible, si el hombre es capaz de conocer lo suficiente su cerebro, como para saber qué zonas se pueden sustituir a ampliar a través de prótesis, que le permitan ampliar su visión, mejorar su memoria, aumentar su rapidez de cálculo. En este caso podemos estar de acuerdo o no con el sentido ético de los resultados, pero esto no tiene por qué necesariamente llevarnos a un individuo no humano. El hecho que se utilicen espejuelos no quiere decir que se pierda la humanidad, el *quid* estaría en que se amplíen las potencialidades individuales sin afectar otras. Por ejemplo, se podría facultades perdidas, nadie se molestaría porque le mejoren su memoria, ya sea a través de píldoras, injertándole neuronas, o insertándole una pastilla electrónica en el cerebro. ¿No hay corazones artificiales? No existirán límites para la imaginación. El hombre puede desarrollar prótesis de todo tipo, pero de ahí a llegar a un uso indiscriminado, donde se pierda el límite que separa al hombre del robot. Para mí sería mejor que el hombre se dedicara a investigar su cerebro, que actualmente está subutilizado y elevara sus potencialidades por medios preferentemente psicológicos.

Tiranía de las máquinas

Puede existir algo más terrible que un tirano. Ahora imagínese que ese tirano fuese no humano (...) ¡Hombres defendeos!
¿Dominarán las máquinas al hombre? Desde el punto de vista lógico, jamás. Pero, ¿es el hombre una criatura totalmente lógica? ¿No existen fuerzas irracionales tales como la envidia, los celos, la ambición, el sadismo, el masoquismo, etcétera? Si la máquina llegara a dominar al hombre, se debería a que la sociedad está enferma y comienza a descomponerse. Un sistema en crisis está a expensas de un desmoronamiento acelerado hacia su derrumbe total o del surgimiento de una tiranía que adquiere el poder a la fuerza.

¿Nuestra sociedad está sana o enferma? ¿Nos dirigimos hacía una sociedad sana o enferma? Para responder a esta pregunta hay que analizar al hombre y sus relaciones sociales.

Para Aristóteles, el Estado ideal es aquel que satisface las necesidades materiales del hombre y le permite desarrollar sus virtudes; una sociedad sana será aquella que logre la prosperidad material y espiritual de casi todos los ciudadanos.

Platón creía en la monarquía dirigida por un santo (hombre superior moral e intelectualmente). Y dividió las formas de gobierno en tres tipos, teniendo en cuenta que la misma tiene su antagonista en las sociedades en crisis o enfermas.

Sociedad sana	Sociedad enferma
Monarquía	Tiranía
Aristocracia	Oligarquía
Democracia	¿(Anarquía o Burocracia)?

Platón no señala un opuesto para la democracia

Para Nietzche el gobierno debe ser una aristocracia saludable: "La sociedad debiera ser <<una fundación>>, a través de la cual una clase selecta es capaz de elevarse hasta sus más altos deberes y en general hacia una existencia más elevada".

Para Fromm una sociedad sana se basa en la creatividad del hombre: un hombre creativo o productivo es aquel que es capaz de desarrollar toda su potencialidad.

La sociedad es un sistema en equilibrio que, al igual que el organismo, vive tratando de perpetuarse; todo aquello que le sea nocivo es atacado.

El concepto de sociedad sana puede variar; siempre que exista el progreso y el desarrollo, que nadie interfiera en la dignidad de otros y que no comience a depauperarse. Cuando una sociedad entra en crisis, comienza a dañarse a si misma, a inhibir el desarrollo cultural y espiritual de los ciudadanos.

En las sociedades enfermas el individuo puede ir en contra de su propia salud: como drogarse. Pueden existir tendencias sádico-masoquistas, conductas que vayan contra la autoestima del individuo (casi siempre la relación entre el Estado y el individuo no es armónica: el individuo es anulado por el Estado en aras de grandes ideales o de entidades anónimas).

Fromm le llama sistemas irraciionales y destaca las siguientes características:
- Las exigencias del estado.
- Cualidades mágicas de los líderes poderosos.
- Máquinas potentes.
- Triunfos materiales.

Ninguna sociedad está totalmente sana. El capitalismo es la primera sociedad en tomar conciencia de su enfermedad. Una de las vías que se utiliza para luchar contra la degeneración social –con mayor o menor eficacia– son los grupos no gubernamentales, así como las actividades de literatos, sociólogos y de agentes del gobierno.

Muchos de los grupos no gubernamentales funcionan como glóbulos blancos dentro de la sociedad, atacando todo síntoma de enfermedad y su función principal es detener las actividades que vayan en contra el equilibrio social: ecologistas (protección del medio ambiente), consumistas (evitar que engañen al consumidor con propaganda falsas), etc. ¿Quién puede negar que en el futuro surja un grupo de humanistas que trabajen en el control y chequeo de las máquinas inteligentes y en la protección de la humanidad contra la competencia desmedida.

En la regulación de la sociedad, también hay que tener en cuenta a la función crítica de los literatos. Esta intenta advertir y convencer a la opinión pública (pueden alertar sobre las consecuencias de desarrollar o mantener tales actividades). Los sociólogos realizan, entre otras, la función de diagnosticar y sugerir soluciones a los problemas sociales. El Estado tiene entre sus funciones la de regulador y, sobre todo, proteger y apoyar a los más débiles (construcción de hospitales, escuelas, etcétera)

Pero lo más importante de todo esto es la conciencia que ha adquirido el hombre moderno de sus limitaciones individuales y sociales. El hombre, por primera vez acepta que vive en una sociedad, que, como todo organismo viviente, nace, crece, se enferma y muere; y hoy más que nunca está consciente de sus problemas sociales, ecológicos, individuales, espirituales y tecnológicos.

Pensemos en una sociedad controlada por una computadora central (manipulada por un tirano) y rodeado de guardianes que serían robots conectados a través de alguna red a la computadora central. El tirano tendría un control absoluto del Estado, se rodearía sólo de robots y computadoras (sus hombres, perdón, máquinas de confianza) y tendría resuelto el problema del sucesor: una máquina con sus "conocimientos" o alguna forma de replicante. La masa sería educada para obedecer ciegamente al Estado –no sería extraña la fusión de hombres con robot (*Ciborg*), bastaría con que el tirano estuviera de acuerdo y el aparato militar estaría compuesto por hombres, máquinas y *Ciborg*.

Esa sociedad estaría basada en la eficiencia máxima, y, si para lograr esa eficiencia tienen que ser las máquinas quienes controlen a los humanos, esto no será ninguna objeción, basta "educar" a los humanos (por supuesto que el sistema educativo estará en función de la tecnología).

Por otra parte, si vemos al hombre como un individuo enajenado que crea ídolos para luego adorarlos, entonces llegaremos a la conclusión de que las máquinas lo dominaran de una u otra forma, ya sea porque los que dirigen se valdrán de ese mito o porque el propio hombre se someta a él.

Esta sumisión a las máquinas que hoy nos puede parecer descabellada. Pero, si aceptamos que el pensamiento ha ido variando en cada época, tal vez muchas de estas cosas que nos resultan inmorales, mañana puedan ser correctas. Podríamos pensar en una sociedad futura donde las máquinas controlen la economía y los humanos, en su mayoría, se dediquen a actividades no productivas, como componer versos, leer novelas, hacer el amor, etc. En ese caso es preferible tomar una decisión salomónica y que ese "feliz" humano decida dotar a las máquinas de sentimientos para que esas entidades superinteligentes controlen el destino de los hombres de forma más "humana".

Hay postulados que justifican una revolución social de corte científico-técnico (hasta ahora las revoluciones han sido sociales, me refiero a las que afectan directamente la política de un país). Estos pretenden:
Justificar que la sociedad está condenada al fracaso (sociedad en decadencia).

La sociedad, producto de gobiernos (desgobiernos) anteriores, está totalmente corrompida y ha perdido sus valores "sociales" (ya sean políticos, sociales, culturales, científicos); y es necesario transformarla de cuajo.

Afirmar que el hombre es un ser maleable que no sabe lo que quiere, y se adapta fácilmente a las funciones que la sociedad le asigne.

Crear una nueva sociedad basada única y exclusivamente en el desarrollo de la ciencia y en la creación de un hombre que responda a esos intereses.

Todo lo anterior trae como consecuencia la necesidad de una revolución, una verdadera revolución científico-técnico que pueda crear al hombre nuevo, al hombre ajustado a las condiciones del desarrollo científico.

Para lograr estas transformaciones, se requiere de un control absoluto de los sistemas informativos, educativos, jurídicos, etc. Y se deben cumplir alguna de estas condiciones.

Que a las máquinas inteligentes se le incluyan estados emotivos: deseos, gustos, ambiciones; y que estén a nivel comercial, lo cual permitiría la interacción directa con los humanos.

A pequeña escala (no comercial), que el gobierno se apoye en ellas para hacer las leyes y controlar el país, dándole independencia en la toma de decisiones para no verse implicado (lavarse las manos).

Sistemas autoritarios en los cuales la máquina se convierte en un elemento de poder que permite el control absoluto de las masas.

Omnipotencia de las máquinas: darles carácter infalible a las máquinas, degradando los valores humanos hasta límites tales (nadie cree que la humanidad por si misma se pueda salvar), que sea necesario el control por parte de las máquinas.

Estoy seguro que una sociedad que se basa en el progreso espiritual, en el desarrollo del individuo, no puede construir máquinas que dominen al hombre. Sólo en las sociedades en crisis o enfermas, donde impere una tiranía, una oligarquía o la anarquía, puede ser posible el dominio de las máquinas.

Pienso que las máquinas irán sustituyendo al hombre en los campos donde ella es más eficiente. Estos dejarán de ser propios del dominio humano para pasar al campo de las máquinas, las cuales, en el peor de los casos, sin saberlo podrían controlar los destinos de una nación, y lo que sí es casi seguro que sentirán "placer" por todo lo que hagan. Para ser creativo se necesita de "inspiración" –aunque sea otra inteligencia–, sentirse realizado de acuerdo a las necesidades de su propio espacio vital.

Los olvidados

¿Por qué los ricos alcanzan la gloria en este mundo, mientras los pobres tienen que esperar morirse?

En todos estos temas: el fin de la historia, el fin del mundo o el fin de la humanidad, siempre hay dos eternos olvidados: El individuo como ente aislado y los países pobres. Ellos no cuentan, solo se habla de la ciencia y la técnica, del Estado, de Dios.

¿El hombre es un ser lógico o un ser dominado por las pasiones y a merced de las fuerzas irracionales? ¿Es el hombre un ser alienado, lleno de angustia? ¿Vive el hombre enajenado en una sociedad mercantil que no valora su riqueza espiritual, sino la posibilidad de producir ganancias? ¿Es el hombre una "tabla rasa" que carece de carácter y temperamento? ¿Es el hombre un ser maleable que puede ser conformado por la sociedad? Si el hombre es maleable éste se ajustará a cualquier clase de sociedad automatizada. En ese caso nadie puede dudar de la posibilidad del surgimiento del hombre tecnológico que sería el individuo adaptado a las necesidades tecnológicas, el hombre capaz de responder a los retos de la ciencia, de aceptar todos los requerimientos que le imponga la sociedad y de aceptar los valores que se desprendan de ese sistema tecnológico como propio. Este supuesto hombre pondrá sus necesidades humanas (si es que las tiene) en aras de las necesidades tecnológicas, la producción, la eficiencia.

Si el hombre no realiza sus potencialidades, se sentirá fracasado. ¿Cómo el hombre enfrentará las consecuencias de su fracaso? ¿Aceptará una sociedad poshumana sin sentirse frustrado? ¿Asumirá una actitud escapista ante el control de las máquinas?: ¿alcoholismo, drogas?

Hoy el hombre vive alienado con respecto a los medios de producción. ¿Vivirá entonces alienado con respecto a su identidad humana o se impondrán los sistemas autoritarios capaces de crear una conciencia colectiva en la que el hombre aceptará su condición poshumana a través del control absoluto de los medios de información: ¿propaganda sugestiva, culto a la personalidad de un líder, exaltación del poder de las masas, etcétera?

Marx, quien fue uno de los filósofos más preocupados por la esencia humana del individuo (es un grave error afiliar a Marx con las doctrinas de masas de corte totalitario de los sistemas estalinistas, tan ajenas a su espíritu profundamente humanista), dice: "Si queremos enjuiciar con arreglo al principio de la utilidad todos los hechos, movimientos, relaciones humanas etc., tendremos que conocer ante todo la naturaleza humana en general y luego la naturaleza humana históricamente condicionada por cada época" (4), y en otros de sus escritos dice: "en consecuencia al degradar el trabajo –que debería ser una actividad libre y espontánea del hombre– reduciéndole a un simple medio de subsistencia física, el trabajo alienado degrada la vida esencial, que se convierte en un medio para un fin. La conciencia que el hombre debería tener de sus relaciones con el resto de la humanidad se reduce a un estado de aislamiento en el cual él y sus compañeros se convierten en simples objetos insensibles. Así el trabajo alienado convierte la humanidad esencial del hombre en una propiedad no humana. Aleja al hombre de su propio cuerpo, de la naturaleza, y de su propia esencia espiritual, de su calidad de ser humano".

¿Cómo influyen las computadoras en la vida social del hombre? Algunos pueden pensar de la siguiente forma: Las máquinas son cada vez más inteligentes, mientras el hombre es cada vez menos humano.

Si aceptamos desde ahora la pequeñez del ser humano ante la colosal perfección de las máquinas (la máquina nunca se equivoca), ya desde hoy nos estamos preparando para la debacle y seremos nosotros mismos los responsables de la extinción de la raza humana. Creo que las restricciones que se le quieren poner a esas entidades superinteligentes en un futuro se le pueden sugerir desde ahora al hombre. Es éste quien debe saber que puede y que no puede hacer con la ciencia y la técnica. La contaminación es uno de los ejemplos de lo que no se puede hacer. Ya el hombre aprendió esa lección y sabe que no todo lo que produzca ganancias trae bienestar, que es necesario llegar a soluciones de compromiso valorando, además de la ganancia, otros factores no menos importantes. Hoy como nunca el hombre sabe que él es el responsable de su destino.

Norbert Wiener, fundador de la cibernética, es su libro *Cibernética y Sociedad*, dice lo siguiente: "Así pues la nueva revolución industrial es un arma de dos filos. Podrá utilizarse en beneficio de la humanidad, pero sólo si ésta sobrevive tanto tiempo como para llegar a un período en el que sus ventajas sean posibles. Podrá utilizarse para destruir a la humanidad y, si no se le usa inteligentemente, llegará muy lejos en esa dirección. Sin embargo, aparecen en el horizonte algunos rayos de esperanza. Desde la primera edición de este libro, he tomado parte en dos reuniones con representantes del mundo de los negocios y fue para mí agradable experiencia observar en gran parte de los representantes una conciencia de los peligros sociales de nuestra técnica y la obligación social de los dirigentes de utilizar los nuevos métodos para beneficio del hombre, para aumentar su tiempo libre y enriquecer su vida espiritual, en vez de emplearlos sólo con vista a la ganancia y de adorar la máquina como un nuevo becerro de oro. Encontraremos muchos peligros en el avance, pero existen las raíces de la buena voluntad y no me siento tan pesimista como al publicarse la primera edición de este libro".

Para algunos teóricos el Tercer Mundo no aporta nada al mundo moderno, son países "despreciables". Lo mismo piensan sobre el individuo, que, como ser humano no aporta nada. Otra cosa es como ser social, como hombre-masa que puede ser movilizado y manipulado por los Estados. Nuestro planeta se basa en la cultura de los países desarrollados, en las sociedades de masa y en la economía de mercado. Bajo cualquier forma de gobierno, el hombre como individualidad no cuenta.

El tercer mundo no se incluye en ninguna teoría. Pero el fallo de estas teorías del mundo futuro es, precisamente, que estas teorías están lanzadas desde la óptica de los países más avanzados (en su momento Grecia, Roma, Francia, Inglaterra, etc.). Estos creyéndose ser el ombligo del mundo, no tuvieron en cuenta su decadencia y el surgimiento de otros países, "menos civilizados" pero más saludables y robustos, capaces de echar por tierra el poderío de los que hasta ese momento estaban haciendo la historia. Japón es un caso reciente, exhibía de una economía atrasada a mediados del siglo XIX, hoy en día es uno de los países más desarrollados e influyentes en la economía mundial.

¿Podrían suponer los historiadores romanos en la época de Augusto, la estrepitosa caída del imperio romano? El país dominante siempre cree que la historia universal será su propia historia y los Estados Unidos de Norteamérica no son una excepción. La historia ofrece ejemplos; y el más representativo es la debacle de la Unión Soviética, que marchaba con paso indetenible hacia el comunismo científico, algo así como el paraíso en la tierra. Para el estado soviético el derrumbe del capitalismo era inevitable, formaba parte de la historia y solo era cuestión de tiempo. (El capitalismo no se derrumba precisamente por ser una sociedad consciente de su enfermedad, una sociedad que sabe que está en crisis y que tiene que estar abierta a los cambios sociales para salvarse, cosa que no ocurrió en el dogmático sistema socialista de la antigua URSS).

Se espera el surgimiento de una superinteligencia dada por la relación hombre-máquina. Esto implicará cambios en los países desarrollados que los conviertan en sociedades cada vez más inteligentes, hasta llegar a la superinteligencia. ¿Y los países pobres qué? ¿Qué pasará con aquellos países donde el uso de las computadoras es un lujo? ¿Cómo competirán con esas supercivilizaciones esos países tan atrasados, desinformados y hambrientos cuyo su único afán será subsistir? ¿Podrán ser creativos? Sabemos que la creación solo es posible en la abundancia; la carencia no deja al hombre pensar en otra cosa como no sea el luchar por su propia subsistencia.

Casi todos los expertos coinciden en que, a principios del siglo XXI, sucederá un salto cualitativo en la sociedad (por supuesto en las desarrolladas) o sea que estamos a pocos años de un salto para el cual no estaremos preparados. Sencillamente estaremos aún más rezagados; y tal vez definitivamente, irremediablemente, perdidos para siempre en la inmensidad del subdesarrollo.

Humanistas: ¡Uníos!

El hombre en sus inicios estaba condenado a desaparecer, no tenía la velocidad del leopardo, ni la agilidad del mono, ni la fuerza del león, ni siquiera podía esconderse debido a su tamaño; era la criatura más indefensa de la tierra. Tomo conciencia del peligro y desesperado comenzó a pensar, y desde entonces no ha dejado de hacerlo.

Dentro de los mundos posibles está el propuesto por Vingen, el cual parte del análisis de una de las tantas dimensiones (la dimensión tecnológica y en particular las máquinas), que influyen sobre los cambios de los mundos posibles (espacios de estados). Pero existen otras dimensiones que están influyendo sobre los cambios posibles, como la vertiente social (conciencia social), la religiosa, la cultural, la biológica, etcétera.

Si hacemos abstracción de todas las otras fuerzas y consideramos solo el vector tecnológico de las máquinas, la sociedad poshumana es factible. Si tenemos en cuenta las demás fuerzas, ésta sería tan solo una posibilidad (nada remota) entre tantas.

La pregunta es: ¿Qué campo humano la máquina no será capaz de abordar? ¿Será en todo más eficiente que el hombre? Si la vemos como una inteligencia no humana, sin las motivaciones del hombre, y con la capacidad de superar al hombre en todas sus actividades, incluso el arte, ¿qué hará el hombre entonces? ¿Tendrá que imitar a las máquinas? ¿Se dedicará a desarrollar sus potencialidades espirituales?

Como dijimos antes, el hombre no se dedicará a las producciones a gran escala, para ello estarán las máquinas. Cuando se dice máquinas, hay que tener en cuenta la variedad de máquinas que existirán. Desde el mundo actual, resulta casi imposible una clasificación exacta, pero podemos –de acuerdo al grado de inteligencia– dividirlas en tres grupos: máquinas superinteligentes, máquinas inteligentes y máquinas convencionales. Además de máquinas de uso general y de uso específico.

De acuerdo a estas características, ellas estarán ocupando su lugar en la línea de producción: los trabajos tediosos y repetitivos lo llevarán a cabo las máquinas convencionales, la dirección y control de la fábrica las máquinas superinteligentes. El hombre, entre otras funciones, podría ser algo así como un productor de cine, él sería quien discute, valora y evalúa –junto a las máquinas– las producciones necesarias. Hombres y máquinas trabajarían dentro de un sistema cooperativo en la toma de decisiones de las producciones más importantes. ¿Y el resto de los mortales que harán? ¿No existirá el desempleo al desaparecer los obreros asalariados o llegaremos a una sociedad ideal donde el hombre no se verá obligado a trabajar para poder comer?

Pensamos que el hombre dispondrá de más tiempo libre, o de todo el tiempo libre, y podrá invertirlo en las tareas más creativas, así como en el desarrollo de sus poderes mentales; dejará, entonces, la producción a las máquinas y se dedicará a su desarrollo espiritual. En este caso ¿no será posible acelerar el proceso evolutivo del hombre? ¿Ampliará el hombre las capacidades de su cerebro a través de un entrenamiento sistemático o podrá educar sus sentidos hasta alcanzar niveles excepcionales, ya sea el olfato, la visión, el oído, el paladar? Piensen en los pintores, los músicos, los catadores de bebida, por sólo señalar algunos. No se conocen límites para el desarrollo de los sentidos, así como tampoco se conocen las posibilidades de desarrollo de sentidos extrasensoriales. Entonces, por qué no aceptar que el hombre en su relación con la máquina pueda desarrollar habilidades suprahumanas. Puede ser que el hombre, estimulado por los progresos de la máquina, como socio-cooperativo, se vea obligado a esfuerzos supremos –veámoslo como un complejo de inferioridad ante la máquina– para no ser tratado como un marginado social.

A pesar de nuestras dificultades, de las que estamos conscientes, sabemos que nuestro mundo no es el mejor de los mundos posibles; y es precisamente esa conciencia del peligro, de nuestra posible desaparición como especie (la evolución del hombre fue producto de su necesidad de subsistir a pesar de las adversidades del medio) lo que debe llevar a la humanidad a desarrollar sus cualidades espirituales. Según el hombre se siga humanizando como especie, tomará una mayor conciencia de su propia dimensión; y para entonces no existirá un Tercer Mundo, porque todos los hombres disfrutarán de iguales derechos; y todos, sin distinción, formarán parte activa en el progreso de la ciencia y de la historia universal.

Los humanistas siempre han tenido una visión al respecto y nos han estado alertando sobre la posible deshumanización del hombre producto del uso irracional de las máquinas:

"El hombre no puede vivir sin fe. El problema decisivo para nuestra propia generación y la venidera consiste en si esta fe será una fe irracional en los lideres, en las máquinas y en el éxito, o la fe racional en el hombre, basada en la experiencia de nuestra propia actividad productiva".

"El verdadero conflicto no radica en el enfrentamiento de Occidente con Oriente, sino en el de la máquina con el hombre, en el de la personalidad con la organización. El hombre necesita la máquina y la organización, pero tiene que dominarlas y humanizarlas en vez de resignarse a ser mecanizado y deshumanizado por ellas. El verdadero peligro para el hombre, no está en los riesgos que corre la seguridad material, sino en el oscurecimiento del hombre mismo en su propio mundo humano".

Sin dudas la conciencia social irá cambiando, aunque lentamente, producto de la interdependencia de hombres y máquinas, de la cooperación entre dos inteligencias que requieren ser asimiladas y ampliadas.

En el futuro surgirán nuevas tendencias basadas en la cooperación de todas las inteligencias (nadie sabe cuántas ni cómo serán), y surgirán nuevas profesiones que tendrán que ver con las inteligencias no humanas. Sobre todo, creo, se intensificarán los estudios sobre la inteligencia humana: psicología, neurofisiología, antropología, sociología, parasicología y otras. Es totalmente racional pensar que el hombre, ante la superinteligencia de las máquinas, trate de comprender su propia humanidad y sienta más que nunca la necesidad de conocer su propio cerebro (lo irracional sería que el hombre se dedicara a adorar a las máquinas como dioses). Las máquinas, a su vez, le servirán al hombre como impulsoras de nuevas fuerzas creativas. Éste, al no tener que dedicarse a las actividades rutinarias, al no tener que memorizar nimiedades (dispondrá de grandes sistemas de memoria externa a los cuales podrá conectarse), dispondrá de más tiempo para darle un uso más eficiente a su cerebro. ¿O será el hombre tan torpe, que en lugar de perfeccionar su sistema educativo buscando ser cada vez más creativo, se aferre como única solución a la perfección de las máquinas? En realidad, ambos pueden ser mejores; tanto las máquinas como los humanos, dependen de la capacidad del individuo como ser social.

Creo en una sociedad futura, donde hombres y máquinas desarrollen todas sus potencialidades y convivan armónicamente, sin que ninguno tenga que perder su esencia. No se puede estar de acuerdo con una representación de la inteligencia humana restringida tan solo a producir valores materiales, que es el punto de partida de las sociedades poshumanas. Hay otras manifestaciones de la inteligencia, como el arte, el deporte, la historia, la ciencia humana. ¿Abandonará el hombre estas actividades a las máquinas? ¿Serán ellas quienes hagan la historia, compongan canciones? ¿Dejará la humanidad de disfrutar de la belleza? Estoy seguro que no. La relación hombre-robot puede llegar a ser una relación de respeto, algo así como que, al entrar a una reunión el hombre y la máquina coinciden en la entrada, y uno le diga a la otra: "Pase usted primero". "Ni hablar, usted primero".

II.- ¿Humanismo en la era Cibernética?

La cibernética

Si a la economía, la sociología, la química, etc., le faltó el poder de generalización y de facilitador de metáfora, no ocurrió lo mismo con un intento de ciencia que dio lugar a uno de los movimientos más importantes de este siglo: la cibernética, cuya influencia trastornaría a todo el mundo científico.

En nuestros días la cibernética no debe verse ni como una ciencia, ni como una disciplina; sino como un movimiento de ideas, que trató de romper con la estrechez de conocimientos propios de cada disciplina. El movimiento cibernético permitió que científicos de ramas muy diferentes se agruparan en colectivos de investigación y por primera vez, matemáticos, fisiólogos y especialistas en electrónica se integrarán en equipos multidisciplinarios. Su creador Norbert Wiener después de estar años trabajando en las teorías matemáticas y de agregar algunas fórmulas más al gran aparato matemático, comenzó a trabajar en cuestiones técnicas como el control de los disparos de la artillería antiaérea y la transmisión más eficiente de mensajes codificados a través de sistemas de comunicaciones. Escribió un libro sobre cibernética y el control en los animales y las máquinas que se convirtió en un éxito. Las condiciones estaban dadas para una nueva revolución dentro de la ciencia.

Fue en el año 1948 cuando apareció el libro "La cibernética o el control y la comunicación entre los animales y las máquinas" del matemático Norbert Wiener y con él, el inicio de una nueva ciencia: La cibernética. Desde entonces hasta la fecha han transcurrido 60 años. ¿Qué ha sucedido durante este tiempo? ¿Ha muerto la cibernética?

Antes de 1948, los científicos tenían muy bien definidas sus áreas de investigación: los psicólogos conductistas poseían laboratorios donde experimentaban con monos, ratas conejos, etc. Con el fin de formular teorías que explicaran el comportamiento humano; los neurofisiólogos eran algo más radicales y les abrían el cráneo a los animalitos y esperaban descubrir las leyes del pensamiento; tampoco los psicoanalistas se quedaban atrás y trataban de hallar en el subconsciente del paciente la ratificación de sus teorías sobre la mente. Todos estaban inmersos en sus áreas sin importarle mucho que sucedía en las otras ciencias.

Ya en 1946 se había construido la primera computadora llamada ENIAC, aunque resulto un fracaso dio origen a futuras computadoras y al liderazgo de IBM, por su parte John Von Neumann había propuesta la arquitectura de las computadoras tal como se conoce en nuestros días y otro de los pioneros de la Cibernética Claude Shannon había definido los conceptos matemáticos de la teoría de la comunicación. El panorama estaba listo para las nuevas ideas.

La Cibernética fue el primer intento generalizador de alcanzar el progreso por medio de la automatización y aunque nunca se convirtió en una ciencia como tal debido a su carácter exógeno, sentó las bases del enfoque "sistémico" y de la teoría moderna de la información. El método cibernético se basaba en la búsqueda de leyes generales que permitieran hallar la analogía entre todas las ciencias por disímiles que fueran. Podemos decir que es un movimiento INTEGRACIONISTA que lleva a cabo una apertura hacia todos los campos del saber a través de una nueva visión conciliadora, surgiendo nuevas definiciones y novedosos enfoques tales como: retroalimentación, teoría de sistemas, control, información. Todo esto trae un despegue de muchas ciencias, en especial, la electrónica, la matemática discreta o finita, la computación, la biología, la psicología entre otras.

El método cibernético se basó en un intento de buscar la analogía entre todas las ciencias y para ello investigó la relación que existía entre los animales y las máquinas siendo la retroalimentación uno de los descubrimientos más importantes, la cual está presente en todos los sistemas orgánicos, incluyendo el sistema nervioso y en todos los mecanismos que requieran de control. Ya que La cibernética se basó en el estudio de las máquinas (objetos artificiales) y su aplicación, lo que promovió una nueva revolución científica sobre la base de la interrelación de los humanos con las máquinas a un ritmo tecnológico de crecimiento jamás visto y de carácter impredecible. Este ritmo ya se hace sentir y podemos afirmar, por ejemplo, que un hombre del siglo XVI pudiese muy bien, haber vivido sin mucho sobresalto en el siglo XVII en cambio uno del siglo XIX tendría grandes problemas para adaptarse al XX y todo indica que esta aceleración seguirá aumentando, lo cual hará que una persona en su vejez tenga que vivir en un mundo totalmente diferente al de su infancia.

Con la cibernética el concepto de máquina ha ido cambiando a lo largo de los años. Luego de aquellas primeras máquinas mecánicas donde se pretendía reemplazar completa o parcialmente el trabajo físico del hombre y de los animales, han seguido otras, cuyo fin, es la mecanización del trabajo intelectual. Hoy las máquinas realizan funciones que antes se consideraban propias del intelecto humano. Pero quizás el aporte más importante de la cibernética fue fundamentarse sobre las analogías, de ahí su característica de ciencia exógena, la cual está dada por la interrelación con otras ramas del conocimiento y su asimilación interna, pero sobre todo por la propuesta de teorías generales que expliquen fenómenos propios de las otras ciencias. Por ejemplo, la cibernética ha preferido basarse en la teoría de los modelos, que hace más hincapié en la representación funcional de los organismos que en su estructura –en el sentido vertical o jerárquico–. Esto, unido a la búsqueda de analogías entre los fenómenos, y no a la reducción de uno en otro, la llevó a convertirse en una ideología científica para la comprensión del mundo.

Otro de los aportes de la cibernética fue la utilización del aparato matemático (su creador Wiener, fue un destacado matemático), que hasta ese momento era de uso casi exclusivo de la física, como la cibernética era a su vez una disciplina común a varios sectores de investigación, trajo como consecuencia que ramas como la psicología, la sociología y la biología pudieran de alguna manera formalizar sus teorías y fue más lejos, al proporcionarles métodos de experimentación a través de la creación de máquinas que permitieran estudiar conductas, reacciones, reflejos, formas de aprendizajes, etc. Cuando los cibernéticos intentaban modelar la estructura de un objeto, más que la estructura lo que tenían en cuenta era la reproducción de su funcionamiento sobre otra estructura y se aspiraba a que ese modelo u objeto artificial exhibiera una conducta similar a la del original. Digo similar porque en realidad la conducta mostrada por los modelos siempre ha estado supeditada a la interpretación del investigador. Estos intentos de modelación llevaron a los científicos a la construcción de máquinas con conducta como las tortugas de Grey Walter y los zorros de Albert Ducrocq, que no eran más que pequeñas máquinas dotadas de movimiento y que se orientaban por la luz, otras se orientaban por el sonido o poseían alguna forma de radar. Pero lo más interesante era la interpretación que se le daba al comportamiento de estos ciberanimalitos. Para Grey Walter las tortugas podían pasar de un comportamiento flemático a otro irascible. Para Ducrocq, sus zorros eran capaces de manifestar sentimientos de afecto entre si. Sé que esto a los racionalistas les puede parecer infantil, pero no es interesante –por no decir válido– que el ser humano siga recurriendo a su fantasía para interpretar los fenómenos y que mantenga viva, en estos tiempos de determinismo científico, su capacidad de "sorprenderse".

También fueron famosos los ratones de Shannon eran capaces de aprender a orientarse a través de un laberinto y encontrar la salida, aquí estamos en presencia de mecanismos de búsquedas heurísticas, que luego se convertirían en la fundamentación de los métodos de búsqueda de la inteligencia artificial y hoy en día, se mueven libremente, por los laboratorios del MIT, una serie de ciberanimalitos, que evaden exitosamente los objetos, cuya idea está basada en muchos de los métodos cibernéticos.

Ya desde épocas tempranas la Cibernética se cuestionó muchas de las funciones de la mente humana y sobre todo de los mecanismos del aprendizaje y su simulación en las máquinas. Uno de estos mecanismos fue el método de prueba y error dando inicio a las ideas heurísticas la cual se convirtió en el fundamento de la futura inteligencia artificial y de su aplicación en los sistemas expertos siendo significativas las ideas sobre la resolución de problemas, donde obtuvieron conclusiones interesantes como la siguiente: la resolución de problemas es un mecanismo de autorregulación donde el éxito da como resultado la interrupción de toda actividad ulterior mientras el fracaso o éxito incompleto conduce a nuevos intentos de encontrar una solución enviando (realimentando) la información acerca de error a la parte del mecanismo que pone en marcha la actividad (el efector). Como consecuencia de estas investigaciones se enfocó el aprendizaje a través de los mecanismos de prueba y error del cual se dedujo que el proceso de adquirir un hábito, se desarrolla de forma gradual una sucesión de pasos correctos, mientras las acciones que no concuerdan con esa sucesión resultan gradualmente eliminadas. Los cibernéticos como fieles representantes de la naturaleza aceptaron la idea de que ningún aprendizaje surgido por el método de prueba y error comienza mientras no exista una necesidad insatisfecha.

Otros de los temas de nuestro tiempo, que ha suscitado más polémica entre los investigadores de la IA, es la intencionalidad. Tema también tratado por la cibernética, donde se planteaba que la intencionalidad era un rasgo de los organismos vivientes visto como una tendencia a un objetivo, el homeostato de Ashby es un ejemplo de intencionalidad cibernética. Para los cibernéticos la intencionalidad no es un fenómeno vital enfocado como objetivos humanos, ligados a las sensaciones, sino como una retroalimentación negativa que busca el equilibrio del sistema a toda costa, siendo la búsqueda del equilibrio a través de la realimentación, lo que hace que un sistema tenga intencionalidad y como todos los fenómenos son sistemas en equilibrio siempre se cumple, tomen como ejemplo al sistema tierra como un sistema en equilibrio cuya intencionalidad es perpetuarse (a pesar de los esfuerzos del hombre por destruirlo).

Un interesante enfoque le dieron los cibernéticos al concepto de sistemas cerrados y sistemas abiertos de donde se desprendieron dos interpretaciones significativas:
1) En los organismos vivos el estado final se puede alcanzar desde diferentes condiciones iniciales en formas diferentes. Actualmente conocido como método de exploración heurística en contraposición al método o algorítmico. 2) Los sistemas abiertos se comportan como si conocieran sus estados finales futuros. Tema central en la plantación, ya que necesitas saber o predecir que ira sucediendo según se avance. Ejemplo el ajedrez, es necesario analizar varias jugadas ante de decidirse por una. Los sistemas de pronósticos.

Este último ha dado lugar a los métodos de encadenamiento de los objetivos a los hechos, resolver el problema partiendo del final. Siempre he tenido la impresión de los sueños primero se conciben partiendo desde el final hasta el principio, hay una intención final (alguna preocupación, dolor físico, deseo) que desencadena las acciones hasta los hechos iniciales y luego se reproduce el sueño como tal siguiendo los patrones de ese guion, aunque no de forma exacta, pueden introducirse cambios ante intromisiones externas, como ruidos, luces, olores, etc. Algunos llegan a interpretaciones religiosas afirmando que ese es el destino que todos tenemos escrito.

Hoy nadie habla de las experiencias emocionales con tortugas, zorros, ratones... Las ideas eran demasiado simples; cualquier aparato podía mostrar alguna forma de conducta humana. Ese era el gran sueño de los cibernéticos: reproducir la vida en todas sus manifestaciones y no sólo la inteligencia, como pretende en estos tiempos la Inteligencia Artificial. Y es que la Cibernética no basó su investigación sobre la base de que la máquina sustituiría al hombre, ya que siempre vio a ambos como sistemas con analogías funcionales, que a la vez que tenían grandes diferencias –por ser organismos con estructura y organización propias– poseían, a su vez, muchas similitudes; De ahí que los cibernéticos le dieran, siempre, mayor importancia a la influencia de la estructura sobre la mente, pero ambos vistos como un sistema capaz de funcionar como un todo.

Vivimos en un mundo de crisis tanto social como espiritual, y el hombre desesperado vuelve sus ojos a la ciencia y espera de ella la solución a los grandes problemas que lo agobian y ve en la ideología cibernética un nuevo enfoque capaz de encontrarle solución a los desafíos actuales que surgen del sistema educativo, la salud (las prótesis), la muerte, la creatividad, la producción de bienes de consumo, el desarrollo, la comprensión de la mente humana, la felicidad, la evolución (convergencia hombres y máquinas), nuevas formas de organización social (poshumanidad), mejoramiento humano (conexión hombre-máquina).

Es por eso que la cibernética al pasar de los años se ha ido transformando en una de las ideologías de la ciencia más influyente, y al igual que la Física y la Biología, engendra grandes promesas y para muchos se convierte en la nueva salvadora del mundo, gracias a que ha aportado una de las metáforas más ricas y poderosas: la llamada metáfora computacional o cibernética, que ofrece una nueva óptica de la sociedad y abre las puertas hacia una nueva era posindustrial. Hoy en día son muchos los que piensan que la máquina sustituirá al hombre, o los que creen que la mente humana se puede simular a través de una computadora, o los que sueñan con crear una vida artificial.

Inteligencia artificial

La Inteligencia Artificial (IA) surge como una reacción ante la Cibernética. Los pioneros del nuevo enfoque investigativo, se proponen la creación de una ciencia en sí misma, sustentada sobre sus propias leyes, y se plantearon como objetivo principal el desarrollo de programas por computadoras capaces de exhibir una conducta inteligente.

La IA continuó con los intentos cibernéticos de formalizar sus teorías y con la creación de un aparato matemático propio. A nivel experimental se propuso la utilización de las computadoras como laboratorio donde poder comprobar la eficacia de sus hipótesis. Pero en su afán de convertirse en una ciencia endógena, no dependiente de leyes externas, abandonó la analogía como método de investigación y tuvo inexorablemente que recurrir al reduccionismo que en su versión fuerte fue el intento de reproducir la mente humana en una computadora.

Los primeros intentos de la inteligencia artificial (IA) se fundamentaron en las búsquedas heurísticas. Se creía que el hombre resolvía todos los problemas a través de métodos heurísticos y se pensaba que la mente estaba conformada por potentes mecanismos heurísticos capaces de partir de lo general a lo particular tal como sucedía con los algoritmos de computación. De ahí los esfuerzos por hallar un algoritmo general basado en los principios heurísticos que fuera capaz de resolver cualquier tipo de problema. Ejemplo de ello fue el GPS (solucionador general de problemas) con el cual se podía demostrar cualquier tipo de teorema matemático, pero era incapaz de resolver problemas de carácter elemental que requieran un mínimo de sentido común. Este fracaso llevó a los investigadores a la conclusión que la heurística no lo era todo y que si el hombre resolvía los problemas era porque poseía los conocimientos necesarios para darle solución. Lo que dio lugar a la explosión de los sistemas basados en conocimientos más conocidos como sistemas expertos los cuales debido a la estrechez de su dominio de solución de los problemas, no cumplió con las expectativas de los usuarios. Ello trajo como consecuencia la crisis del paradigma simbolista dentro la IA lo que originó nuevos paradigmas siendo el más importantes el conexionista.

Otro de los intentos de la inteligencia artificial fue tratar de comprender los estados mentales a través de "mundos de juguetes", producto del desconocimiento existente sobre la naturaleza de la inteligencia y, por otro lado, existía la creencia de que lo aprendido en esos dominios de juguete se podría extender sin dificultades a problemas más complicados pero debido a la complejidad de los problemas del mundo real estos no pueden capturarse en modelos reducidos y por tanto deben plantearse directamente. Se veía a la computadora como modelo de los procesos mentales, insistía en la semejanza entre el hardware y el cerebro. De hecho, la realización y el perfeccionamiento de las computadoras numéricas partieron de analogías con el sistema nervioso. El propio John von Newmann solía hablar de "órganos" para referirse a los componentes de la computadora. Se hizo popular la definición de la computadora como un "cerebro electrónico". Con la llegada de los primeros lenguajes de programación evolucionados y posteriormente con la aparición de la Inteligencia Artificial, las comparaciones con el hardware empezaron a tener menos aceptación.

Historia de la IA

La Inteligencia Artificial (IA) surge como una reacción ante la Cibernética. Los pioneros del nuevo enfoque investigativo, se proponen la creación de una ciencia en sí misma, sustentada sobre sus propias leyes, y se plantearon como objetivo principal el desarrollo de programas por computadoras capaces de exhibir una conducta inteligente.

La IA continuó con los intentos cibernéticos de formalizar sus teorías y la creación de un aparato matemático propio. A nivel experimental se propuso la utilización de las computadoras como laboratorio donde poder comprobar la eficacia de sus hipótesis. Pero en su afán de convertirse en una ciencia endógena, no dependiente de leyes externas, abandonó la analogía como método de investigación y tuvo inexorablemente que recurrir al reduccionismo que en su versión fuerte fue el intento de reproducir la mente humana en una computadora. Lo que dio origen a la metáfora de la computadora como modelo de los procesos mentales, que insiste en la semejanza entre el hardware y el cerebro. De hecho, la realización y el perfeccionamiento delas computadoras numéricas partieron de analogías con el sistema nervioso.

La historia de la Inteligencia Artificial podemos enmarcarla en tres grandes etapas:
- Años 50-70: Era Romántica
- Años 70-90: Era Pragmática.
- Años 90-actualidad: Era Realista.

Sus primeros años
1956 – Newell y Simon desarrollan la Lógica Teórica, considerada por muchos el primer programa de I.A.
1957 – Es presentada la primera versión del programa Solucionador general de problemas. Se propone demostrar cualquier tipo de problema.
1958 – McCarthy crea el lenguaje LISP (LIStingProcessing), considerado un lenguaje de la I.A.
Finales de los años 50 – Frank Rosemblatt, Perceptron, primer intento de simular la computación neuronal para llevar a cabo tareas complejas.
En los 60 – Joseph Weizembaum, desarrolla el programa Eliza, considerado el primer sistema dentro del campo del Procesamiento del Lenguaje Natural.
1965 – Se desarrolla el primer Sistema Experto exitoso el DENDRAL, en la Universidad de Stanford, sistema orientado a la determinación de la estructura química de un compuesto y en el MIT, se desarrolla el MACSYMA, Sistema Experto orientado a la solución de complejos problemas matemáticos mediante el uso de la integración y la simplificación algebraica.
Años 70 – David Marr propone nuevas teorías acerca de la Visión por Computadora, por ejemplo, cómo distinguir una imagen buscada en los matices de ella, color, bordes, textura y forma. También, se desarrolla el primer sistema para la Comprensión del Lenguaje Natural, implementado por TeryWinograd, investigador del MIT, el SHRDLU, que se encuentra integrado a un robot que obedece las órdenes humanas.
1972 – Se desarrolla la primera implementación del lenguaje PROLOG (Programming in Lógica), por el francés Alain Colmerauer, lenguaje para la programación en I.A., basado en la Lógica del Cálculo de Predicados (cláusulas de Horn) y en el Principio de Resolución. Este lenguaje, en su momento- fue considerado por los japoneses, el lenguaje de las máquinas del futuro.

Los inicios del simbolismo
El paradigma simbólico

Para algunos, los humanos y las computadoras son dos especies de un mismo género: los sistemas de procesamiento de la información. Aceptar a la mente humana como una forma de procesamiento de la información trae como consecuencia que se produzcan dos fenómenos inversos:

- La generalización de los sistemas procesadores de información.
- La simplificación de la mente humana (reduccionismo).

El problema radica en la generalización que se le quiere dar a los sistemas de procesamiento de la información. Hay palabras que, para los creadores de teorías, toman un significado especial (trascendental) y se convierten en un "símbolo" cargado de significados adicionales, en muchos casos abiertos a nuevas manipulaciones, que se adaptan a la interpretación del contexto de la teoría, como es el caso del término "procesamiento de la información".

Veamos algunos apuntes a la definición de López Mantaras en su artículo…

Paradigma simbólico (hipótesis): la naturaleza del sustrato (circuito electrónico o redes neuronales) carece de importancia siempre y cuando dicho sustrato permite procesar símbolos.

Lo anterior se trata de una hipótesis, por tanto, no se puede ni aceptar ni rechazarla a priori.

La IA es el campo dedicado a verificar esta hipótesis: verificar si una computadora convencionalmente programada es capaz o no de tener conducta inteligente de tipo general.

Sistema simbólico físico (SSF): Sistema capaz de manipular símbolos, generar nuevos símbolos, crear y modificar relaciones entre símbolos, almacenar símbolos, etc. Los símbolos son físicos y tienen un sustrato físico-electrónico.

Sustrato de los símbolos:
- Físico-electrónico (computador)
- Físico-biológico (seres humanos)

Computadora: los símbolos se realizan mediante circuitos electrónicos digitales
Seres humanos: los símbolos se realizan mediante redes de neuronas.

Para concluir con Mantaras, podemos decir que tanto las computadoras como los seres humanos son capaces de procesar símbolos (en general, procesar información)

Pulcros vs Zarrapastrosos
La lógica o la semántica
Después del paradigma cibernético con su intento de construir una mente mecánica, le siguió el paradigma simbólico y la idea de reproducir la mente por medio de algoritmos ya que la mente no era otra cosa que estados mentales que se procesaban en el cerebro al igual que los programas en una computadora.

Lo cual llevó a muchos investigadores en el campo teórico a pensar que una vez que se descifrara los procesos de la mente era seguro desarrollar los algoritmos que representaban esos procesos, es obvio, ya que la mente lo que hace es manipular símbolos por medios algorítmicos. De ahí surgieron los métodos heurísticos, las reglas de producción, los mecanismos de resolución de problemas, etc.

Como siempre sucede, los investigadores en inteligencia artificial, (IA) no se ponían de acuerdo en sí, esa representación simbólica, se basaba en la lógica (la sintaxis, cálculo de predicados) o en la semántica (estructuras semánticas, guiones). Discusión que llevó a que se formaran dos grupos: los defensores de la lógica (a los que llamaban los pulcros, ya que siempre vestían de forma impecable) y los semánticos (llamados zarrapastrosos, estos andaban peludos y vestían de forma no convencional). Como era de esperar a nivel académico se impusieron las ideas de los pulcros, en cambio muchas de las aplicaciones más importantes en IA han provenido de las investigaciones de los zarrapastrosos. Pero, métodos aparte, ambos compartían un sueño: descubrir los programas que hacen funcionar la mente.

De todo lo anterior se desprende que era totalmente posible reproducir la mente en una computadora, bastaba con encontrar la descripción algorítmica de los estados mentales.

Y por muy compleja que pareciera el funcionamiento de la mente, en el fondo no era otra cosa que complejos algoritmos, y la tarea de los investigadores de la IA consistía en descifrar esos procesos y su conversión en algoritmos para luego introducirlos en una computadora e ir conformando una nueva inteligencia no humana.

Ahora, una vez que la máquina tenga todos los algoritmos que conforman la mente, y este es uno de los problemas de la IA convencional, ya que, hay que ir descubriendo los mecanismos de la mente, traducirlos en algoritmos para incluirlos en la computadora, así sucesivamente hasta que se halla reproducido totalmente la mente humana, y pueda funcionar en una computadora. Muchos investigadores, en esa época de los 50, dieron esto por hecho y afirmaron que en los anos 80s ya existirían máquinas con inteligencia humana, en ese entonces no se hablaba de superar la inteligencia humana, ni de singularidad tecnológica, etc.

La IA durante sus primeros años se mantuvo fiel al paradigma simbólico y se debatía ente la lógica y la semántica. Como parte de la lógica se desarrolló el lenguaje prolog, el cual tendría gran impacto dentro del proyecto japonés de quinta generación, los que se apoyaban en la semántica y buscaban representar los conocimientos a través de estructuras semánticas como guiones, marcos (frames), redes semánticas, etc. Ambos se basaban en la presentación de los estados mentales en forma de algoritmos. Con el tiempo surgió un nuevo paradigma: el conexionista el cual más que representar los estados mentales buscaba modelos que representarán las diferentes conexiones que se establecen entre los organismos, ya sean neuronas (redes neuronales), agentes (agentes inteligentes), genes (algoritmos genéticos) y como de estas conexiones se genera un accionar inteligente. Hoy cuando se habla de modelos, el conexionista ha quedado como uso exclusivo de las redes neuronales.

Inteligencia artificial fuerte e inteligencia artificial débil
Desde sus inicios podemos hablar de dos enfoques de la Inteligencia Artificial (IA), de una parte, la IA fuerte y de la otra, memos categórica a la hora de interpretar los hechos: la IA débil.

IA fuerte: Construir programas que emulen el comportamiento inteligente de los humanos como el pensamiento, el aprendizaje, la visión, la resolución de problemas, la creatividad, etc. Ya que estos modos de comportamiento se pueden explicar algorítmicamente en términos de estados mentales.

IA débil: Construir máquinas capaces de resolver problemas que requieran de inteligencia. Para ello se construyen programas que tengan un comportamiento inteligente sin importar si emula o no a la inteligencia humana.

La Inteligencia Artificial fuerte
La idea de una IA fuerte ha sido el sueño de casi todos los investigadores de ese campo, pero uno de sus puntos débiles es que aun aceptando que la mente puede ser reproducida en otro medio, ese medio que hace de receptor debe tener un mínimo de equivalencia -no sólo funcional- con el donador. Equivalencia que no parece existir entre la estructura del cerebro y la arquitectura de la computadora, llamada de Von Newman, que ha sido tildada de ineficiente por muchos, debido a su procesamiento secuencial y a su manipulación de símbolos numéricos. Lo cual obligó a los

programadores a elaborar metasistemas que se soporten sobre otros sistemas, más cercanos a la máquina, con el fin de resolver los problemas de la arquitectura de la computadora. Otros han propuesto la creación de nuevas arquitecturas que sean capaces de manipular inferencias por segundos en lugar de operaciones, como las computadoras convencionales. Y ya son muchos los investigadores que aceptan que la arquitectura de Von Newman –en su época considerada equivalente al funcionamiento del cerebro– no permite una representación adecuada de los procesos mentales, y no sólo los representantes de la IA, también los creadores de lenguajes de computación se quejan y hablan de nuevas estructuras de programación con diferentes arquitecturas (programaciones lógicas, funcionales, recurrentes, orientadas a objetos, difusas, etc.).

Veamos algunas de las consecuencias filosóficas que están detrás de la aceptación de la IA fuerte.

Dualidad mente-cuerpo:
El dualismo en filosofía supone que el alma es independiente del cuerpo, cuando muere el cuerpo el alma sigue viva. En el caso de la computadora se puede romper la computadora, pero los programas se pueden usar en otra, siempre que exista una copia, lo cual nos lleva a considerar que los programas son independientes de la computadora y creer que la mente también puede ser copiada a otro sustrato,

La dificultad radica en que si aceptamos el dualismo filosófico debemos, también, aceptar el idealismo. La pregunta sería: ¿si aceptamos el dualismo mente-cuerpo tendríamos entonces una mente que existe independiente del cerebro o sea el alma? Pero, entonces, los pensamientos se generarían sobre un alma inmaterial, por lo que, no necesitarían de ningún soporte físico, llámese cerebro o llámese computadora. De ahí que la IA tenga que hacer una adaptación y proponer un DUALISMO-MATERIALISTA y afirmar categóricamente que la inteligencia humana se hace realidad sobre la materia.

La reducción de la mente
El reduccionismo afirma que se pueden explicar los fenómenos reduciéndolos a un nivel más elemental. Por ejemplo: la conducta humana puede reducirse a estudios neurofisiológicos (incluso sobre animales), el estudio del cerebro puede reducirse a la biología celular, etc. La IA es reduccionista, ya que trata de reducir los procesos de la mente (que son complejos) a sencillos procesamientos de la información. La mente es un sistema de procesamiento de la información que cumple con las leyes de la manipulación de símbolos. *Paradigma simbolista.*

Para algunos los humanos y las computadoras son dos especies de un mismo género: los sistemas de procesamiento de la información. Aceptar a la mente humana como una forma de procesamiento de la información trae como consecuencia que se produzcan dos fenómenos inversos:
- La generalización de los sistemas procesadores de información.
- La simplificación de la mente humana (reduccionismo).

El problema radica en la generalización que se le quiere dar a los sistemas de procesamiento de la información. Hay palabras que, para los creadores de teorías, toman un significado especial (trascendental) y se convierten en un "símbolo" cargado de significados adicionales, en muchos casos abiertos a nuevas manipulaciones, que se adaptan a la interpretación del contexto de la teoría, como es el caso del término "procesamiento de la información".

31

La causalidad del cerebro.

Si la mente es parte del cerebro y es este quien la genera y si aceptáramos que la mente es propiedad exclusiva del cerebro. Entonces, el gran sueño de la IA de lograr reproducir la mente humana en una computadora no sería posible. Ya que es en el cerebro donde se codifican los procesos mentales, lo cual hace que no se pueda separar la mente del cerebro, no solo por el hecho de que la mente necesita de un soporte físico como ya se dijo al analizar el dualismo mente-cuerpo, sino porque los procesos mentales tienen que ser producidos por alguien que tenga existencia material: el cerebro, que es la causa de los pensamientos.

Esto lleva a la conclusión, de que si queremos lograr algún tipo de intelecto artificial se debe tratar de reproducir al cerebro y no a la mente, por ser esta última, tan solo, una manifestación abstracta del complejo funcionamiento del cerebro. Por tanto, si queremos lograr algún tipo de intelecto artificial se debe tratar de reproducir al cerebro y no a la mente, por ser esta última, tan solo, una manifestación abstracta del complejo funcionamiento del cerebro. Por lo que, actualmente, muchos investigadores de la IA han abandonado el paradigma simbolista, el de la mente, para dedicarse al conexionista, el del cerebro, y a través de los sistemas de redes neuronales, intentan comprender como trabaja el cerebro. *Paradigma conexionista.*

Inteligencia Artificial débil

Procesamiento heurístico y procesamiento algorítmico:

Un fenómeno que se produce en nuestro siglo, es el intento de hallar algoritmos adecuados que apuntalen las investigaciones. Si antes el interés se centraba en hallar una fórmula matemática hoy es la ejecución de un programa por computadora que valide los resultados.

Es sabido que la computadora funciona a través de un programa que le da las instrucciones de lo que tiene que hacer, la pregunta es si los humanos no tendrán también un programa grabado en alguna zona de su cerebro y al igual que la máquina lo ejecutan. En el caso de la computadora ella carga el programa (o segmentos de programa) a la memoria desde donde lo ejecuta de forma secuencial (instrucción a instrucción) hasta llegar al fin del mismo. El programa que inicialmente fue escrito en un lenguaje de programación (código fuente) necesita ser convertido a código de máquina (ceros y uno) para que pueda ser interpretado por la computadora. Creo que actualmente nadie sostiene el punto de vista de que la mente humana sea un algoritmo de este tipo.

Una forma de superar la programación procedural o algorítmica son los llamados sistemas basados en conocimientos, los cuales sustituyen a la búsqueda sistemática, basada en algoritmos por una heurística, basada en estrategias. En la práctica los sistemas expertos, también se les llama así, combinan ambos métodos: realizan primero una búsqueda probabilística donde se exploran las vías que pueden conducir a soluciones –si el problema a resolver es pequeño, se puede realizar una exploración exhaustiva basada en la generación y comprobación de todos los caminos posibles–, una vez hallada una vía prometedora esta se comprueba y si, ya, se encontró un camino conocido. Entonces, el sistema emplea un programa algorítmico que de forma sistemática alcanzará la solución.

Los que piensan que producto de la crisis filosófica de la IA, ha surgido una segunda línea que se fundamenta en la creación de programas inteligentes, capaces de dar solución a problemas, que hasta ahora se consideraban que sólo los humanos podían resolver, sin preocuparse si estos programas simulan o no la forma en que los humanos piensan; se equivocan. Esta línea, ya desde la década del 60, fue planteada por muchos investigadores de la IA, los que se dedicaron a desarrollar métodos computacionales que permitieran la resolución de problemas basándose en las posibilidades de la heurística y de los lenguajes de programación. Este grupo tomó como punto de partida el error de Da Vinci, al intentar volar imitando a los pájaros, y plantearon que con la IA estaba sucediendo lo mismo, ya que se pretendía imitar a la mente. Para ellos el problema no estaba en copiar a la mente, sino en comprender los métodos que utiliza la inteligencia para la resolución de los problemas, sobre todo, basándose en las posibilidades mecánicas de la computadora; tal como sucedió con el vuelo, que se abandonó la imitación de las aves por la comprensión de las leyes que permitían que un aparato volara.

La metáfora de la computadora
METAFORA: intercambio de pensamientos que facilita la transferencia de ideas que se derivan de un contexto para otro.
Veamos un ejemplo de metáfora: "Matanzas es la Atenas de Cuba". Independientemente que casi nadie ha visto a Atenas, todos nos imaginamos por la historia como era Atenas, así como sus atributos de esplendor, sabiduría, cultura y belleza natural. Y a la mente nos viene, no sólo, la famosa cultura ateniense, sino también, su belleza natural: nos imaginamos el intenso azul del cielo de Atenas, aguas transparentes... Y otras ideas que estarán en dependencia de nuestros conocimientos y sensibilidad. Con la metáfora anterior se realiza una transferencia de ideas de un contexto, Grecia, para otro, Cuba.
Observen que no es necesario hacer una descripción de Matanzas, la metáfora se encarga de hacerla y lo más importante: permite una carga de sentimientos subjetivos que, de otra forma, se verían mutilado en una descripción detallada de la ciudad.
La metáfora del computador surge casi desde los inicios de la computación. ¿A qué se debe esto? Antes, como ya se dijo, las máquinas solo sustituían cualidades físicas de los humanos tales como: fuerza, traslación, precisión. Piensen en los medios de transporte, las grúas, los microscopios, etc. Con las computadoras se pretende que estas realicen los cálculos, al igual que los hace la mente para resolver los problemas técnicos. De ahí que una primera metáfora fue llamarle "cerebros electrónicos". Metáfora que cayó en desuso. Por otra más sutil y trascendente: la computadora puede sustituir al hombre en todas sus actividades ya que ambos son "sistemas basados en el procesamiento de la información".
¿Quién puede ser capaz de creer en esa metáfora tan absurda? La computadora está limitada a un programa. Es un mecanismo determinístico, cuya fuerza está basada en hacer cálculos y su función es, única y exclusivamente, resolver los problemas tediosos, repetitivos; ya que la parte creativa del problema es puramente humana.
Ojalá todo fuera tan sencillo. En el transcurso de este ensayo iremos viendo, cuantos puntos de vista, muchas veces producto de las más asombrosas fantasías, pueden esgrimirse y echar leña a la metáfora del computador.
Para que vean cuan confusa es la situación analicemos las siguientes afirmaciones:
La computadora sólo hace lo que se le programa: la computadora es sólo un pedazo de lata.
La computadora es capaz de hacer cualquier cosa que se le programe: ¿Qué sabe un ingeniero que no pueda dársele a la computadora?
Observen que dos afirmaciones casi iguales, pueden generar interpretaciones diferentes. En la primera computadora se vería como un mecanismo limitado a un programa que le permite ejecutar ciertas acciones. En la segunda, la computadora seria un mecanismo ilimitado capaz de ejecutar acciones complejas al estilo de los humanos.

Personalmente conozco personas que esgrimen las dos afirmaciones con tremenda tranquilidad, y no se dan por enterado de que "el solo hace" con "el hace cualquier cosa" permite que la segunda frase genere una transferencia de contextos – convirtiéndose en metáfora de la computadora– que no se da en la primera.

Este error se debe al hecho de que ambas afirman que la computadora trabaja a través de un programa, mientras en la primera ese programa no tiene trascendencia ninguna, en la segunda, se acepta de forma implícita que la conducta humana está dada por un programa, que aunque tremendamente complejo, es posible comprender y traspasar a la maquina. Y aquí se da otro fenómeno de la metáfora, el traspaso de contextos casi siempre es en ambos sentidos.

Por lo que Javier Bustamante afirma: "el computador es un diseñador de actitudes que afecta la disposición psicológica de aquellas que lo usan, a su autoimagen, creencias, motivaciones, expectativas, etcétera".

La metáfora reduce el concepto de inteligencia a procesamiento de la información lo cual hace que se pueda hablar de inteligencia en la máquina, pero también a nivel social, redefine el concepto de inteligencia en términos computacionales, crea una cultura social y una pedagogía orientada a la formación del pensamiento algorítmico en los jóvenes científicos. Ya que, si se parte de la idea de que todo es algoritmizable, entonces, la limitación no está en la máquina, sino en la incapacidad del hombre para hacer los algoritmos. El hombre debe aprender a hacer algoritmos para la máquina. Lo que nos puede llevar a la conclusión de que el hombre sólo sabe lo que es capaz de algoritimizar, por lo que, algoritmizar; se entiende como comprender.

De lo anterior se desprende, por ejemplo, que, para entender un fenómeno, debo ser capaz primero de construir una serie de conceptos que me permitan una descripción algorítmica de ese fenómeno. Es evidente que el fenómeno en sí, se pierde entre tanta formalización. Al final, que nos queda, una representación algorítmica de una interpretación matemática –entiéndase formalizada– de un fenómeno.

Para los "mecanicistas" son los "humanistas" los que redefinen el concepto de inteligencia (cada vez que la máquina alcanza esos límites). Para los humanistas son aquellos quienes redefinen (reducen a la máquina) los conceptos de inteligencia.

Paradigmas y modelos de la IA

Hoy se trata de no usar el concepto de paradigma ante el abuso de dicho termino por eso utilizaremos, preferentemente, el termino modelo.

A partir de la crisis del modelo simbolista surge un nuevo modelo dentro de la inteligencia artificial: el conexionista que asume que la inteligencia es producto de la asociación, combinación o conexión de entidades independientes más simples (agentes, genes o neuronas), las cuales pueden tener alguna inteligencia o ninguna y producto de su interacción, el sistema presentaría un comportamiento inteligente.La IA no se quedó en el conexionista o emergente, al cual le han seguido el modeloenactivo o corpóreo y el modelo basado en datos o máquinas superinteligentes.

De momento, podemos mencionar los siguientes paradigmas o modelos
- Modelo simbólico (lógico/semántico)
- Modelo conexionista o emergente
- Modelo corpóreo o enactivo
- Modelo basado en datos o máquinas superinteligentes

A su vez, los modelos incluyen nuevas técnicas de investigación entre las técnicas más importantes tenemos:
- Redes neuronales: Las investigaciones comienzan a concentrarse en el cerebro y sus conexiones en lugar de los algoritmos de la mente (conexionista).
- Agentes inteligentes: Se concentran en la inteligencia distribuida en diferentes agentes (con conocimientos parciales) que al integrarse logran resolver problemas complejos en lugar de grandes bases de conocimientos cerradas (colaborativa).
- Máquinas superinteligentes: Se cifra la esperanza en el hardware, máquinas cada vez más potentes (ley de Moore), que con el tiempo llegaran a superar la potencia del cerebro, en lugar de aspirar a descifrar la mente por medio del software(operativa).
- Algoritmos genéticos: Se aceptan los avances de otras ciencias tales como la biología, en lugar de en lugar de atrincherarse en modelos exclusivamente informáticos(evolutiva).
- Robots reactivos, se desarrollan pequeños robots capaces de interactuar con en el medio y que vayan aprendiendo de los obstáculos, en lugar de los sistemas basados en el conocimiento, que están desligado de la realidad y hay que alimentarlos de forma manual, de ahí que recibieran el mote de sistemas autistas (enactiva).

Modelos de la IA

Los modelos de la IA sirven tanto para la IA general como para la IA específica y para la futura super IA. Su aplicación ha sido fundamentalmente en la IA específica, pero se puede aplicar a la IA general y a la hipotética super IA.
- Modelo simbólico – Reglas de producción. Fue el más utilizado, actualmente se utiliza como apoyo a otros modelos
- Modelo conexionista o neuronal – Redes neuronales. Actualmente es el modelo más utilizado
- Modelo evolutivo – Algoritmo genético.
- Modelo colectivo – Crowsourcing.
- Modelo colaborativo – Sistemas multiagentes.
- Modelo corpóreo – Robótica del desarrollo (robótica reactiva). En fase de desarrollo
- Modelo basado en datos – Aprendizaje profundo. Desarrollo creciente con gran impacto económico.

Los modelos de tipo conexionista (conexionista, evolutivo, colectivo). Se basan en unidades interconectadas.
Las unidades interconectadas pueden ser
- Neuronas
- Genes
- Agentes inteligentes

Todos los modelos son las técnicas que se aplican para desarrollar una IA (de momento específica) que puede alcanzar, en algún momento, una IA avanzada (general). Los modelos tienen su aplicación fundamental dentro del enfoque socioeconómico como IAs específicas que buscan dar solución a los diferentes dominios, aunque su pretensión inicial haya sido la construcción de una IA de carácter general. Sin embargo, sus logros han estado en las aplicaciones a dominios restringidos, Ya existen IA específicas que superan a los humanos en una tarea (ej.: ajedrez, GO, etc.)

Para mejor comprensión de los modelos veamos la definición dada por Mantaras para los principales modelos en IA: simbólico, conexionista, evolutivo y corpóreo. Aquí se agregan otros dos modelos: colectivo y basado en datos.

Modelo simbólico

Es un modelo descendente, que se basa en el razonamiento lógico y la búsqueda heurística como pilares para la resolución de problemas, sin que el sistema inteligente necesite formar parte de un cuerpo (no encarnado) ni está situado en el entorno real.la IA simbólica opera con representación abstracta del mundo real

Modelo conexionista (redes neuronales)

Los sistemas conexionistas no son incompatibles con la hipótesis simbolista (SSF) pero al contrario del simbólico, se trata de un modelo ascendente, ya que se basa en la hipótesis de que la inteligencia emerge a partir de la actividad distribuida de un gran número de unidades interconectadas que procesan información paralelamente. En la IA conexionista estas unidades son modelos muy aproximados de la actividad eléctrica de las neuronas biológicas.

Modelo colectivo o colaborativo

El modelo colectivo son sistemas multiagentes, puede se compatible con la hipótesis simbolista o con cualquier otra hipótesis ya que cada agente podría responder a un tipo de programación diferente (multiprogramación). Como sistemase trata de un modelo ascendente ya que la inteligencia emerge de un gran número de agentes inteligentes (aunque no posean toda la inteligencia) conectados, que tienen como característica la de ser una entidad más o menos autónoma, con conocimientos propios y de su entorno, así como la posibilidad de interactuar con dicho entorno y con otros agentes.

Modelo evolutivo

También es compatible con la hipótesis simbolista (SSF) y no corpórea. Se trata de imitar la evolución con el fin de que los programas de computadoras mediante un proceso evolutivo mejorasen automáticamente las soluciones a los problemas para los que fueron programados.

Modelo corpóreo

Se basa en que un agente inteligente necesita un cuerpo para tener experiencias directas con su entorno, en lugar de que un programador proporcione descripciones abstractas de dicho entorno, codificado mediante un lenguaje de representación del conocimiento. Sin un cuerpo esta representación abstracta no tiene contenido semántico. El método corpóreo ha dado lugar a la llamada robótica del desarrollo.

Modelo basado en datos (BD)

El progreso tecnológico y el almacenamiento de grandes bases de datos ha posibilitado, que el procesamiento orientado a los datos del mundo real sea factible, dado el surgimiento de hardware cada vez más potente, barato y confiable, además la capacidad de internet para recopilar grandes cantidades de datos y la disponibilidad de almacenamiento para procesar esos datos. La IA operativa o IA BD son, en general, algoritmos de fuerza bruta que se programan utilizando la velocidad de procesamiento de la máquina, estamos ante programas capaces de desarrollar actividades llamadas inteligentes sin imitar al pensamiento humano.

Sistemas expertos

Durante años la actividad de la Inteligencia Artificial estuvo dedicada a las investigaciones teóricas y al desarrollo de experimentos a través de programas que demostraran "actitudes inteligentes", con estos programas se pretendía que la máquina jugara ajedrez, demostrara teoremas matemáticos, etc. Se aspiraba al desarrollo de una IA general (multitarea)

No fue hasta los años 70 que surgió un nuevo paradigma en la Inteligencia Artificial "los Sistemas Expertos", cuya función es desarrollar trabajos similares a los que desarrollaría un especialista en un área determinada, la idea no es sustituir a los expertos, sino que estos sistemas sirvan de apoyo a los especialistas en un "dominio" de aplicación específico.

Estos sistemas expertos son en lo esencial sistemas de computación basados en conocimientos cuyos componentes representan un enfoque cualitativo de la programación. Muchas personas pueden creer que un Sistema Experto (SE) es un sistema compuesto por subsistemas y a su vez estos por otros subsistemas hasta llegar a los programas, y que los sistemas expertos se miden por la cantidad de programas que contienen. Sin embargo, la cantidad no es lo que prima en los SE, si no la cualidad del mismo, esta cualidad está dada por la separación de las reglas que describen el problema (Base de Conocimientos), del programa de control que es quien selecciona las reglas adecuadas (Motor de inferencias).

Podemos decir que un Sistema Experto es una Base de Conocimientos (BC), una Base de Hechos (BH) y un Motor (o Máquina) de Inferencias (MI). Por otra parte, estos sistemas no se miden por la cantidad de instrucciones o programas sino por la cantidad de reglas que hay contenida en su Base de Conocimientos.

Para desarrollar los sistemas expertos primero es necesario abordar un área de interés, dentro de esta área se seleccionan a los expertos, que son los especialistas capaces de resolver los problemas en dicha área. Por ejemplo, el área de interés de las empresas de proyectos, son precisamente los proyectos y un especialista podría ser un arquitecto, un ingeniero civil, etc. Ahora bien, casi siempre estos especialistas, son expertos en un dominio específico y es sobre este dominio, donde poseen su mayor experiencia (Dominio de Experticia), por ejemplo, un Ingeniero civil especializado en cimientos.

Una vez seleccionado al experto o a los expertos y estos estén de acuerdo en dar sus conocimientos, comienza a jugar su papel el "Ingeniero de Conocimientos", que es el encargado de extraerle los conocimientos al experto y darle una representación adecuada, ya sea en forma de reglas u otro tipo de representación, conformando así la base de conocimientos del sistema experto.

Formas de representación de los conocimientos:
- Reglas de producción
- Redes semánticas
- Marcos (Frames).

La forma de representación más usada es por reglas de producción, también llamadas reglas de inferencias. Casi todos los sistemas expertos están basados en este tipo de representación, ahora nos ocuparemos de los sistemas basados en reglas.

Las reglas de producción son del tipo:

SI Premisa ENTONCES Conclusión (SI A ENTONCES B).

Donde tanto las premisas como la conclusión, no son más que una cadena de hechos conectados por "Y" o por "O", de forma general sería:

Los hechos son afirmaciones que sirven para representar conceptos, datos, objetos, etc. Y el conjunto de hechos que describen el problema es la base de hechos.
Ejemplo de hechos:
Juan es un estudiante
Juan tiene 8 años
el perro es blanco
a María le gusta el cine
Pedro prefiere la película
la edad de Luis es de 25 años
Pedro tiene un salario de 200 pesos

Una regla es una combinación de hechos que permite representar conocimientos y sacar inferencias de los mismos.
Ejemplo de reglas:
R1: SI Juan es estudiante Y Juan tiene 8 años Entonces Juan estudia en la primaria.
R2: SI el perro es blanco Y el perro se llama Dinky ENTONCES el perro es de Juan.
R3: SI a María le gusta la película Y Juan prefiere la pelota ENTONCES hacen falta 2
televisores
Observe como partiendo de hechos conocidos que describen algún conocimiento se pueden inferir nuevos hechos (nuevos conocimientos), por otra parte la regla #2 (R2), no tiene por qué ser totalmente cierta, existe la posibilidad de que el perro sea de Juan, quizás se puede afirmar, si fuéramos a cuantificar esa posibilidad, que el perro pertenece a Juan con una certeza de un 80%, y por último la regla #3 (R3) es dependiente del contexto, ya que aquí se supone que ambos viven juntos y que los programas de TV coinciden.
La Base de Conocimientos (BC).
Son el conjunto de reglas que permiten representar los conocimientos del dominio de experto donde cada regla aisladamente tiene significado propio. Normalmente los conocimientos son de tipo declarativo por lo cual la BC casi siempre es una descripción de los conocimientos del experto, por lo tanto, requiere de algún mecanismo que obtenga las inferencias adecuadas para resolver el problema, alguien que seleccione las reglas y las vaya ejecutando, ese alguien es el motor de inferencias.
El Motor de Inferencias (MI) es un programa de control cuya función es seleccionar las reglas posibles a satisfacer el problema, para ello se vale de ciertas estrategias de control sistemáticas o de estrategias heurísticas.
Estrategias de control sistemático:
Encadenamiento hacia adelante o hacia atrás.
Búsqueda en profundidad o a lo ancho.
Régimen de control irrevocable o por tentativa.
Estas estrategias son de forma sistemática las cuales deben llevar a la solución del problema. Podemos decir que el control sistemático es un programa de control hecho de forma "algorítmica" que aplican una heurística de propósito general cuya función es una exploración exhaustiva y metódica de la base de conocimientos.

Estos mecanismos de control son muy generales y a veces resultan ineficientes ya que siguen una secuencia de búsqueda demasiado rígida, para resolver esto se idearon las estrategias de control heurísticas.

Las estrategias de control heurísticas son programas de control que utilizan una heurística más específica y su función es una selección más restringida orientada por las necesidades del problema. Estas estrategias actúan sobre el control sistemático y en ciertos casos toma el control y dirige la búsqueda hacia ciertos criterios rompiendo así el control sistemático, una vez logrado su objetivo le devuelve el control nuevamente al sistemático.

Estrategias de control heurísticas:
- Orden de las reglas.
- Mayor credibilidad en las reglas.
- Menor número de cláusulas no instanciadas.
- Mayor número de conclusiones en las reglas.

Podemos decir que un sistema experto, es un sistema informático que utiliza técnicas apropiadas para la representación de conocimientos y la manipulación de este, de forma tal que exhiba el comportamiento de un avezado especialista en un determinado dominio del saber.

Sistemas convencionales y sistemas de IA
Representación simbólico-conexionista (cognitiva). Paradigma centrado en la idea de que los procesos mentales son estados internos que manipulan información
Las vías iniciales de los sistemas informáticos
- La lógica (sintaxis)
- La interpretación (semántica)
- La velocidad de la computadora (Moravec)
- El procesamiento de los datos (gestión empresarial)

La velocidad de la computadora, permite que las máquinas puedan abordar Actividades humano con procedimientos no humanos (considerados que no simulan la inteligencia humana. Ej., el juego de ajedrez (fue la primera aplicación que se basó en la velocidad de la máquina).
La velocidad de la máquina siempre fue algo muy importante para los programas de cálculo (aplicaciones científicas).
Los SE se han convertido en una metodología practica para desarrollar una IA específica para un área de aplicación muy limitada en muchos casos, con un carácter puramente comercial.
Los sistemas de gestión económica (BD) en su inicio fueron desarrollados por la propia empresa, que contaba con informáticos, o contratados a terceras empresas, esta actividad con el tiempo se convirtió en un negocio y surgieron los sistemas económicos comerciales, los cuales había que comprar y luego contratar los servicios de entrenamiento y en muchos casos se convertía en algo permanente, para actualizar, incluirle posibles mejoras, etc., lo cual se convirtió en un gran negocio.
Los SE no escaparon a los efectos comerciales y surgieron muchas aplicaciones con fines comerciales, así como consultorías.

Tendencias de la IA
IA específica a la medida humana
- Paradigma simbólico: lógica y semántica

IA especifica centrada en la información (velocidad de cálculo)
- Robot (Moravec)
Sistema de computación para gestión empresarial o para calculo ingenieril
- Gestor de BD
Sistemas comerciales
- SE

El proyecto de 5ta generación proponía el retorno a las grandes máquinas, dejando atrás el uso de las PC y sus posibilidades comerciales y la generalización de su uso (uso personal), lo cual entre otros factores llevo al fracaso al proyecto japonés.

Aplicaciones iniciales de la IA
1.-IA especulativa. Se asume que la IA igualará o superará a la mente humana y será autoconsciente. IA fuerte
2.-IA que simula los procesos inteligentes: lógico o semántico (métodos para las áreas de IA)
3.-Robot (máquinas inteligentes)
4.-Sistemas de computación para resolver problemas de gestión económica y de cálculo
5.- Sistemas comerciales (pragmáticos)

Recordemos que en sus inicios la IA se consideraba como una pérdida de tiempo, lo correcto era dedicarse a los sistemas de computación aplicados a la gestión empresarial o a los de cálculo de ingeniería y a las grandes empresas no le interesaba la IA, actualmente todo ha cambiado y se puede decir que son las transnacionales como Google, Apple, Facebook, Micrososft, IBM, por los citar las más poderosas, las que llevan el peso de muchas de las investigaciones en inteligencia artificial.

Crisis de la inteligencia artificial

Los primeros intentos de la inteligencia artificial (IA) se fundamentaron en las búsquedas heurísticas. Se creía que el hombre resolvía todos los problemas a través de métodos heurísticos y se pensaba que la mente estaba conformada por potentes mecanismos heurísticos capaces de partir de lo general a lo particular tal como sucedía con los algoritmos de computación. De ahí los esfuerzos por hallar un algoritmo general basado en los principios heurísticos que fuera capaz de resolver cualquier tipo de problema. Ejemplo de ello fue el GPS (solucionador general de problemas) con el cual se podía demostrar cualquier tipo de teorema matemático, pero era incapaz de resolver problemas de carácter elemental que requieran un mínimo de sentido común. Este fracaso llevó a los investigadores a la conclusión que la heurística no lo era todo y que si el hombre resolvía los problemas era porque poseía los conocimientos necesarios para darle solución.

Lo que dio lugar a la explosión de los sistemas basados en conocimientos más conocidos como sistemas expertos los cuales debido a la estrechez de su dominio de solución de los problemas, no cumplió con las expectativas de los usuarios. Ello trajo como consecuencia la crisis del paradigma simbolista dentro la IA lo que originó nuevos paradigmas siendo los más importantes los basados en el conexionismo y los basados en la cooperación. Siendo interés nuestro los últimos ya que son los que están relacionados con la cooperación entre agentes inteligentes ajustándose este modelo a la estructura de una organización inteligente.

Otro de los intentos de la inteligencia artificial fue tratar de comprender los estados mentales a través de "mundos de juguetes", producto del desconocimiento existente sobre la naturaleza de la inteligencia y, por otro lado, existía la creencia de que lo aprendido en esos dominios de juguete se podría extender sin dificultades a problemas más complicados pero debido a la complejidad de los problemas del mundo real estos no pueden capturarse en modelos reducidos y por tanto deben plantearse directamente.

Todo lo anterior llevo a cierta desilusión con respecto a los logros de la IA.

Crisis de la IA

La Inteligencia Artificial se ha visto siempre como una ciencia teórica, desligada de la realidad, mientras para otros son métodos que permiten investigar el cerebro. Pero, en realidad, ¿cuáles han sido sus logros? ¿Cómo ha influido en la comprensión de la mente humana?

La IA parece irreconciliable si la analizamos a través de sus tres vertientes
- Estudio de la mente humana.
- Sistemas informáticos inteligentes.
- Sistemas comerciales basados en las técnicas de la IA

Estudio de la mente: Descubrir los enigmas de la mente humana, donde la máquina es utilizada como laboratorio para verificar las teorías.

Sistemas informáticos: analizar las técnicas informáticas de simulación del comportamiento inteligente

Sistemas comerciales: la máquina es una herramienta que a través de programas inteligentes servirá al hombre en sus tareas diarias.

Cada uno de estos métodos niega los progresos del otro, y en algunos casos considera que no tiene nada que ver con la Inteligencia Artificial.

De acuerdo a estos enfoques surgen tres áreas de investigación y desarrollo de la Inteligencia Artificial, las cuales se desarrollan de forma independiente

Estudio de la mente:

Se considera una ciencia natural que investiga sobre la mente que trata de comprender los mecanismos de la creatividad del ser humano, apoyándose en las computadoras como soporte del pensamiento de este grupo se desprenden dos grandes ideas que han llenado de promesas las investigaciones de la IA: la IA fuerte y la IA débil.

IA fuerte: Construir programas que emulen el comportamiento inteligente delos humanos como: el pensamiento, el aprendizaje, la visión, la resolución de problemas, la creatividad, etc. Ya que estos modos de comportamiento se pueden explicar algorítmicamente en términos de estados mentales (metáfora del computador)

IA débil: Construir máquinas capaces de resolver problemas que requieran desinteligencia. Para ello se construyen programas que tengan un comportamiento inteligente sin importar si emula o no a la inteligencia humana.

Sistemas informáticos:

A este grupo no les preocupa tanto las cuestiones filosóficas, aunque su afiliación está dentro de una IA débil. Para ellos la meta es construir máquinas más perfectas, aprendiendo a representar y manipular el conocimiento sobre el mundo real mediante una computadora y no les preocupa en lo más mínimo si la forma de pensar de las máquinas está de algún modo relacionada con la forma humana de pensar.

Para estos investigadores la máquina es el tema de su investigación, la cual es vista como un todo (soft y hard) y se pretende que esta como tal alcance niveles de inteligencia, posiblemente no alcanzados por el hombre, cada vez más avanzados. Y se especula sobre la posibilidad de que la máquina sustituya al hombre, dada las posibilidades ilimitadas de la misma. Las mayores aportaciones al campo de la IA se deben a este grupo en temas tan importantes como: la robótica, las tecnologías del conocimiento, la IA distribuida, máquinas para lisp, etc.

Sistemas comerciales:
Se elaboran aplicaciones para resolver problemas que antes eran competencia sólo de los humanos. Son los especialistas de computación que se dedican a abordar a través de algoritmos tareas poco estructuradas con fines prácticos, casi siempre utilizando estructuras de datos complejas.

Se puede ver como rama de la ingeniería dedicada a crear productos comerciales, sobre todo sistemas especializados. Por ejemplo, los sistemas expertos.

Cada enfoque crea una filosofía de trabajo que hace incompatible la comunicación entre cada grupo de investigadores, desde sus "creencias" entre MENTE, MAQUINA Y USUARIO. Incluso hasta la forma de ver la máquina cambia para cada uno.

Mientras la Inteligencia Artificial se desangraba en pugnas internas y en definir qué es y que no es Inteligencia Artificial, en la computación convencional el hardware marcha a paso acelerado en la construcción de máquinas cada vez más rápidas, con más memoria y más posibilidades de cálculos, que se pronostica alcanzará la creación de máquinas inteligentes a corto plazo sin preocuparse si es o no, Inteligencia Artificial

Ciencia cognitiva

Surgimiento
En 1948 se celebró en el Instituto de Tecnología de California un simposio multidisciplinar sobre los mecanismos cerebrales de la conducta, conocido como Simposio de Hixon. Allí participaron destacados científicos de la época como John von Neumann quien propuso la metáfora computacional, el matemático y neurofisiología Warren McCulloch que expuso una teoría sobre cómo el cerebro procesa la información y el psicólogo Karl Lashley quien alertó sobre la incapacidad del conductismo para explicar conductas organizadas complejas. Este simposio, junto a la conferencia de Dartmouth donde fue acuñado el término "inteligencia artificial, celebrada en 1956, crearon las bases para que en ese mismo año tuviera lugar en el Instituto Tecnológico de Massachusetts (MIT) un nuevo simposio, dando a lugar al surgimiento del paradigma cognitivista, en el que asistieron personalidades como: el psicólogo George Miller, el lingüista Noam Chonsky, el informático Allen Newell, el economista Herbert Simon entre otros
Definición
La ciencia cognitiva busca ser el estudio del conocimiento de forma científica e interdisciplinar, abarcando inteligencia artificial, la psicología, la lingüística, la neurociencia, la filosofía y la antropología.

Según Thagard, el propósito principal de la Ciencia Cognitiva es explicar *cómo* se piensa, estando la mayoría de los científicos cognitivos de acuerdo en que el conocimiento consiste en *representaciones* mentales. Las representaciones mentales serían las formas mentales que tenemos de lo que nos rodea, las *representaciones* del mundo.

Modelos de las representaciones mentales

Para Thagard, las principales formas de entender cómo se piensa o de modelar actualmente las representaciones mentales son:

- La lógica trata las representaciones como inferencias deductivas
- Las reglas son estructuras del tipo "si... entonces...",
- Los conceptos serían algo así como "esquemas mentales" que se corresponderían con situaciones típicas,
- Las analogías son adaptaciones de situaciones ya conocidas
- Las imágenes se corresponderían con "dibujos mentales",
- Las conexiones neurales son representaciones como patrones de actividad de una red de neuronas

Ya habíamos hablado del modelo simbólico y del conexionista (entre otros) donde el modelo simbólico se soporta sobre dos formas de representación, la lógica y la semántica (pulcros vs zarrapastrosos), y la lógica se basa en la representación en base a las reglas y la semántica en base a los conceptos, mientras el modelo conexionista lo hace en base a las redes neuronales.

Los supuestos teóricos de la ciencia cognitiva

Las ciencias cognitivas son aquellas que comparten el *paradigma cognitivista* (Carpintero, 1996). Éste consta de dos supuestos teóricos fundamentales (García, 2001):

- El primero es la *metáfora computacional*, que consiste en la mencionada analogía según la cual la mente es un procesador de información semejante a una computadora electrónica.
- El segundo es la *tesis internalista* que establece la existencia de representaciones mentales y que reclama un nivel de análisis propio para estudiarlas al margen de los factores biológicos y de algunos de los factores ambientales que las afectan.

Veamos las definiciones dadas por Manuel Carabantes en su tesis doctorante sobre inteligencia artificial (1):

La *metáfora computacional*, también conocida como la *tesis del procesamiento de información*, caracteriza los procesos cognitivos como manipulación y operación con la información de modo análogo a como lo hace una computadora electrónica. En virtud de la teoría de la información de Shannon yWeaver se supone que el contenido de la información es irrelevante para su procesamiento. Daría igual, por tanto, que los estados internos del sistema intencional contuvieran representaciones simbólicas, analógicas, procedimentales o de cualquier otro tipo (García, 1996, p. 304).

La *tesis internalista* establece que para explicar adecuadamente la actividad humana o de cualquier otro sistema intencional que opere con causalidad final se requiere postularla existencia de procesos cognitivos, caracterizados como estados internos que dan cuenta, representan, conocen o informan de alguna realidad. Además, el cognitivismo reclama un nivel de análisis propio para estudiar dichos estados internos al margen de los factores biológicos y de algunos de los factores ambientales que los afectan. Se trata de una tesis opuesta a la pretensión conductista de eliminar de la psicología el estudio de la vida psíquica.

Actualmente existe una discusión sobre si la teoría representacional sigue siendo el fundamento de la ciencia cognitiva o si debe ser sustituida por una teoría no representacioncita o si la ciencia cognitiva debe ser ampliado e incluir otras formas de representación.

Para Francisco Varela, quien es un defensor de una ciencia cognitiva ampliada (2), considera que la importancia de la ciencia cognitiva es que por primera vez la ciencia (es decir, el conjunto de científicos que definen qué debe ser ciencia) reconoce plenamente la legitimidad de las investigaciones sobre el conocimiento mismo, en todos sus niveles, más allá de los límites tradicionalmente impuestos por la psicología o la epistemología. Por otra parte, considera que la ciencia conectiva se encuentra en su tercera etapa.

Etapas de la ciencia cognitiva:
1. Simbólica
2. Emergente (conexionista)
3. Enactiva

Si las dos primeras cumplen con la teoría representacional, la última (enactiva) rompe con ese esquema al proponer un enfoque no representacional partiendo de la corporeidad del conocimiento como un proceso vivido. Aquí Varela está aceptando que el conocimiento, actualmente es representacional y puede ampliarse asumiendo la compatibilidad con un conocimiento corpóreo.

Hoy algunos, proponen salirse de la ciencia cognitiva otros hablan de ciencias cognitivas con el fin de aceptar los diferentes enfoques y aunque Varela defiende la idea de una ciencia cognitiva ampliada con el enfoque enactivo, en los últimos años de su vida, hablaba de dos enfoques: el enfoque tradicional-abstracto y el enfoque moderno-enactivo. Esto me recuerda al paradigma tradicional-mecanicista y el paradigma complejo-sistémico, los cuales tienen un carácter filosófico y para muchos son irreconciliables. En cambio, Varela propone sus dos enfoques implicados con la ciencia.

Entonces (siguiendo a Varela) tendríamos dos paradigmas científicos:
1. Paradigma representacioncita con un enfoque tradicional-abstracto: racionalista, cartesiano, objetivista
2. Paradigma no representacioncita (construccionista) con su enfoque moderno-enactivo: concreto, encarnado, incorporado, vivido

Por otra parte, Varela defiende la inclusión del enfoque enactivo en la ciencia cognitiva cuando en realidad el enactivismo está más cerca del pensamiento sistémico-complejo que del pensamiento racionalista-reduccionista. Son muchos los que ubican a Varela dentro de la ciencia de la complejidad.

Volviendo a la inteligencia artificial, yo me atrevería a agrupar a los modelos de la IA de la siguiente forma.

Paradigma representacionista. Enfoque tradicional-abstracto
- Modelo simbólico-lógico (representación en reglas) – IA simbólica
- Modelo conexionista – IA conexionista (subsimbólica)
- Modelo computacional (BD) – IA operativa

Paradigma construccionista. Enfoque moderno-enactivo
- Modelo simbólico-semántico (representación en conceptos) – IA semántica
- Modelo emergente-colectivista – IA colaborativa
- Modelo enactivo – IA corpórea

44

El modelo semántico, aunque se inserta dentro del representacionismo ya contenía elementos menos abstractos, tomados de la vida, tales como escenarios, estructuras complejas, redes semánticas, guiones, etc.

La clasificación de los paradigmas anteriores nos lleva irremediablemente a las "ciencias cognitivas" dividida en ciencia cognitiva representacionista y ciencia cognitiva no representacionista (construccionista), la primera enmarcada dentro de un pensamiento racionalista-reduccionista y la segunda dentro de un pensamiento complejo-sistémico, este último defendido por pensadores como Morín (pensamiento complejo), Capra (cosmovisión de la complejidad) y Maldonado (ciencia de la complejidad) por nombrar solo tres.

Personalmente no creo que sea posible conciliar el pensamiento racionalista-reduccionista-abstracto-aislacionista con el pensamiento complejo-sistémico-concreto-colectivista (aunque si pueden complementarse) como tampoco veo posible el desarrollo de una IA operativa basada en datos (centrada en la computadora) con el desarrollo de una IA corpórea (centrada en lo humano).

Singularidad tecnológica

En los últimos tiempos se ha puesto de moda el retorno al hardware. La IA que al principio se basó en la idea del software; el cual, para muchos, avanzaba demasiado lento y se desarrollaba sobre un "mundo de juguetes", fue perdiendo partidarios por otra idea más ambiciosa: construir máquinas cada vez más potentes que lleguen a alcanzar las capacidades del cerebro; en velocidad, memoria, poder de representación. Así, hasta que la computadora llegue a ser más inteligente que el hombre.

La superación de la mente gracias a la rapidez de la máquina, su hardware, está dando lugar a una transformación del término inteligencia:

Pueden surgir máquinas inteligentes que no sean una copia del cerebro.

La inteligencia de la máquina estará dada por su velocidad de procesamiento.

El problema consiste en si creemos que las tecnologías siempre serán una infraestructura controlada por los humanos o aceptamos que, dado su crecimiento acelerado, su cada vez mayor autonomía y de su creciente inteligencia (a lo cual no se le ve límites), se puede aceptar que se convertirán en una superestructura capaz de compartir las decisiones con los humanos.

Por lo que, con respecto a las tecnologías, tendremos cuatro posiciones:

1.- Los que creen que la tecnología siempre será controlada por los humanos y el único peligro está en el mal uso que se le dé. Desarrollo sostenible.

Asumen que bastaría con limitar, prohibir o controlar la utilización de la tecnología. Viendo lo que ha pasado a lo largo de la historia con el control de la tecnología, y cómo las investigaciones se han estado orientando, casi exclusivamente, hacia el negocio y no hacia las necesidades reales de la humanidad; las perspectivas de esta opción parecen estar condenadas al fracaso si tenemos en cuenta el profundo deterioro de los valores morales que impera en la sociedad desarrollada actual.

2.- Los que creen que las tecnologías igualaran y superan a los humanos, surgiendo una superinteligencia. Singularidad tecnológica.

Parten del surgimiento de una superinteligencia que superará a la inteligencia humana. Consideran la Singularidad tecnológica hará que la tecnología iguale y supere a la inteligencia humana, surgiendo entonces una superinteligencia. La duda está en si esa superinteligencia se formará a imagen y semejanza de la humana, y dado el contexto de poder, estaremos ante otro competidor que no necesitará del entorno natural y quizás, tampoco, de los humanos.

3.- Los que aceptan que las tecnologías podrán ser una superestructura y creen que dado el contexto actual, estas se convertirían en un competidor demasiado peligroso para la especie humana, y hay que hacer todo lo posible para impedirlo. Bioconservadurismo, ellos van, desde posiciones fundamentalistas y extremadamente conservadoras, a reflexiones avanzadas que proponen limitar el crecimiento de las tecnologías sin renunciar al progreso.

4.- Los que ven a la tecnología como una aliada que nos pueda llevar a una superinteligencia colectiva donde humanos y tecnologías cooperen por un futuro sostenible. Aquí la idea no es prohibir o controlar el progreso tecnológico sino de aprender a manejarse con los nuevos conocimientos tecnológicos y ponerlos en función del progreso humano. Sostenibilidad tecnológica

Antecedentes para una singularidad tecnológica
Durante los primeros años la Inteligencia Artificial (IA) se ha fundamentado en el desarrollo de programas que fuesen capaces de realizar actividades propias de la mente humana, tales como demostrar teoremas, jugar a las damas, al ajedrez, darles soluciones a problemas poco estructurados basados en la heurística o en campos donde se requería de conocimientos, los sistemas expertos. Con el tiempo, se demostró, que esta vía para lograr una inteligencia no humana, era demasiado lenta y no cumplía con las expectativas –ya se había predicho el surgimiento de una inteligencia no humana a principio de la década de los 80; por lo que, a finales de esa década y principio de los 90, muchos investigadores comenzaron a desesperarse, y no fueron pocos los que abandonaron sus laboratorios por líneas de trabajo más prometedoras.

Sentimiento de fracaso que invadió tanto a la IA débil como a la IA fuerte. Para la débil cuyo objetivo era crear sistemas informáticos que realizasen actividades que requerían de inteligencia tales como los sistemas expertos, en los cuales se cifraron grandes esperanzas tanto investigativas como comerciales, se esperaba que el mercado estuviera abarrotado de sistemas expertos, incluso los metódicos japoneses, para no ser menos, se lanzaron en su famoso proyecto de 5ta. Generación, que también quedó como otro intento más. Por su parte la IA fuerte, cuyo propósito es reproducir en la máquina la extensa variedad, sutileza y profundidad de la inteligencia humana, no logró cumplir con sus metas, de en menos de 20 años haber reproducido la mente humana, y estaban atascados en modelos muy elementales de la inteligencia, como el mundo de bloques y en sistemas cerrados que eran incapaces de mostrar iniciativa o fallaban estrepitosamente ante cualquier problema que requiriera de sentido común.

Entonces... ¿Qué está sucediendo ahora? Porque la IA y sobre todo las maquinas inteligentes están ocupando las mentes de muchos científicos y filósofos. ¿Cuál es el nuevo enfoque?

Si partimos del hecho que las máquinas son cada vez más veloces, piensen en las primeras computadoras que no alcanzaban los 10 Mega hertzios (Mhz) a las actuales que ya sobrepasan los tres Giga hertzios y no se vislumbra ningún límite para que esta velocidad no siga aumentando. Estas máquinas superveloces, podrán efectuar un billón de operaciones por segundos, por lo que –según Moravec– estarán en condiciones de alcanzar el nivel de la inteligencia humana. Aún más, teniendo en cuenta que el cerebro humano trabaja a una frecuencia de 100 hertzios o ciclos por segundo y que no se vislumbra una cota que limite la velocidad de procesamiento de la computadora basada en un hardware cada vez más sofisticado, con mayor capacidad de memoria, varios procesadores centrales (la materia gris de la máquina), mayor velocidad de acceso a los periféricos; parece posible, incluso, que la máquina pueda superar al hombre.

Idea que se sustenta sobre la ley de Moore que dice que la capacidad de los microchips de un circuito integrado se duplicara cada dos años, lo cual traerá un crecimiento exponencial de la potencia del hardware de las computadoras y de mantenerse este crecimiento acelerado lo cual conducirá inevitablemente a que las máquinas le den alcance y luego superen la capacidad del cerebro para procesar la información y según un gráfico elaborado por Hans Moravec la paridad entre el hardware y el cerebro se alcanzara alrededor del 2020 lo cual dará lugar a las máquinas superinteligentes

También se asume que con respecto al software la máquina, también, ha mejorado mucho; en la IA débil ya las maquinas pueden diagnosticar células sanguíneas, guiar misiles de crucero y, por fin, pueden vencer a cualquier jugador de ajedrez. Con respecto al hardware se están investigando tecnologías de circuito que serán un millón de veces más potente que el cerebro humano, aunque para muchos el proyecto más interesante es el de la ingeniería inversa del cerebro humano: escanear el cerebro desde su interior gracias a billones de minúsculos escáneres de alta resolución o nanobots que pasarán a través de los capilares.

Los defensores de las máquinas inteligentes van mucho más lejos y sugieren que las propias máquinas construirán computadoras cada vez más inteligentes, ellos parten de la base de un hardware cada vez más potente, aceptan que mientras más capacidad de procesamiento tenga, será más "inteligente", y quién niega que una máquina inteligente no sea capaz de aumentar las capacidades de las próximas generaciones construyendo máquinas cada vez mejores y así infinitamente, sin que el hombre participe en este proceso. ¿No sería esto el fin de la humanidad?

Hasta hoy se pensaba que la evolución de los seres humanos continuaría siendo un largo proceso evolutivo, que a través de mutaciones nos llevaría a individuos mejores –o peores–. Para otros, este proceso se había detenido y los humanos continuarían siendo los mismos por los siglos de los siglos. Lo interesante es que la discusión no termina ahí, nuevas ideas están surgiendo alrededor del futuro de la humanidad, una de estas teorías es la sustitución del hombre por alguna entidad superinteligente; medio máquina, medio humana, capaz de continuar con el ritmo acelerado de desarrollo industrial, para el cual esa "cosa" llamada humano ha quedado obsoleta. Estas ideas no resultarían tan interesantes de no ser por el hecho de que sus defensores afirman que estamos en la antesala de una nueva era poshumana.

Muchos de estos autores ven a las máquinas como inteligencias fragmentadas, que pueden estar conectadas a una red como sistema cooperativo, y que esta conexión las lleve a una forma de organización altamente eficiente, que le permita un "despertar" como una gran inteligencia (sistemas emergentes). Parten del concepto, que, en la formación del mundo, como sistema evolutivo, ha tenido gran influencia la noción de "emergencia", esto es que la integración de elementos que están en un nivel inferior producirá la transformación a un nivel superior, que poseerá nuevas propiedades. El concepto de emergencia plantea cierta indeterminación en el papel de las ciencias relacionadas con el hombre como las psicológicas, sociales y cognoscitivas. En nuestros días se ha puesto nuevamente de moda el concepto de inteligencia "emergente" donde las máquinas producto de su velocidad de procesamiento llegaran a ser capaces de manipular tal cantidad de información con lo cual alcanzarán un nivel creciente de "conocimientos" hasta llegar a despertar como una entidad inteligente.

Conclusión que extraen de la comparación de la evolución de las máquinas con la de los animales: ya que los humanos fueron el producto de una larga evolución desde los organismos unicelulares pasando por los mamíferos hasta llegar al homo sapiens.

¿A partir de qué momento surgió la inteligencia? ¿Por qué no aceptar que las máquinas también son organismos en evolución que puedan llegar a "pensar"? Si aceptamos a la conciencia como la forma de la materia altamente organizada, ¿quién puede negar que las máquinas sean una nueva forma de la materia altamente organizada y que en su proceso evolutivo alcancen niveles de inteligencia incluso superiores a los del hombre?

Mientras los filósofos y sociólogos parecen haber llegado a un callejón sin salida y hablan del fin del romanticismo social y de la muerte de las verdades absolutas. Los nuevos cibernéticos proponen una nueva "ideología" que vendrá a salvar al mundo: la ideología de las máquinas como herederas del hombre o de la convergencia entre humanos y computadoras, donde se plante la fusión entre el árbol evolutivo de los seres vivos y el de las máquinas.

Presupuestos para una singularidad tecnológica

Vinge define una máquina superinteligente como una máquina capaz de superar en mucho todas las actividades intelectuales de cualquier humano independientemente de la inteligencia de este y está convencido que esa inteligencia superior será la que impulsará el progreso y este será mucho más rápido e incluso superará a la actual evolución natural, por lo que aparecerán problemas miles de veces más deprisa que la selección natural y afirma que estaremos entrando a un régimen radicalmente diferente de nuestro pasado humano, y a es, a este evento, al que le da el nombre de singularidad.

El transhumanista Nick Bostrom define una superinteligencia de la siguiente forma:

Tendrá superinteligencia cualquier intelecto que se comporta de manera bastamente superior en comparación con los mejores cerebros humanos en prácticamente todos los aspectos y en especial estos tres:
- Creatividad científica
- Sabiduría en general
- Desempeño científico

Esta definición deja abierta la forma como se implementa esa superinteligencia Artificial: una computadora digital
- Colectiva: una red de computadoras
- Biológica: cultivo de tejidos corticales
- Hibrida: fusión entre computadoras y humanos

En general los teóricos de la singularidad definen la superinteligencia: como cualquier forma de inteligencia artificial basada en la capacidad del sistema de autoaprendizaje. Estas redes neuronales artificiales serían capaces de superar a los mejores cerebros humanos en prácticamente cualquier disciplina, incluyendo creatividad científica; sentido común; y habilidades sociales. Muchos científicos han presentado el argumento de que tanto el hardware necesario como el software requerido para la superinteligencia serán desarrollados en las primeras décadas del siglo XXI.

A diferencia de los investigadores de la Inteligencia Artificial, que pensaban que la mente podía ser representada por medio de algoritmos y que esta podía ser programada totalmente en una computadora. Cree que las maquinas dado el progreso acelerado de la potencia de su hardware despertarán en algún momento como una inteligencia, esto nos lleva al concepto de emergencia basado en que las máquinas serán cada vez más veloces, tendrán más memoria y que esto emergerá en una nueva inteligencia. El mismo concepto aplica para Internet, donde las conexiones entre humanos y maquinas que se comportaran como neuronas dentro de una gran red, por lo que en cualquier momento de ellas emergerá una inteligencia (cerebro global).

Vemos que esta idea sigue la tendencia de priorizar el hard sobre el soft y se apoya sobre los siguientes conceptos:

La evolución de las máquinas es más rápida que la de los humanos, mientras las máquinas sufren un crecimiento acelerado, la evolución natural de los humanos está prácticamente detenida.

La aceleración de las tecnologías se seguirá incrementando hasta llegar a un punto que escapa a las capacidades de los humanos (singularidad tecnológica).

Las máquinas se irán auto construyéndose a sí misma, cada vez más perfeccionadas, más veloces, con más memorias, dotadas de mejores algoritmos; podrán llegar a convertirse en máquinas superinteligentes que superen a los humanos.

La inteligencia de las máquinas dada la complejidad que irán adquiriendo y las conexiones internas (circuitos) o externas (redes) podrá despertar como una entidad auto consciente.

Caminos hacia la singularidad

La característica central de este siglo ha sido la aceleración del progreso tecnológico. Estamos al borde de un cambio comparable a la aparición de la vida humana sobre la Tierra. Existen diferentes interpretaciones de la Singularidad de Vinge (la de Kurzweil es una de ellas), así como las vías para alcanzarla, algunas más próximas y evidentes, y otras más lejanas y complejas.

Para Vernor Vinge, la causa exacta de este cambio es la creación inminente de entidades de inteligencia mayor que la humana. Y afirma que la ciencia puede lograr esta revolución de diferentes modos, y esta es otra razón para tener confianza en que el evento va a ocurrir. Según su criterio debería ocurrir entre el 2005 y el 2030.

- Pueden desarrollarse computadoras "conscientes" con una inteligencia equivalente a la humana o superior. (Hoy existe mucha controversia sobre si podremos crear el equivalente a un humano en una máquina, pero si la respuesta es "sí", entonces quedan pocas dudas de que en seguida podremos construir entidades aún más inteligentes.).
- Las grandes redes de computadoras con sus usuarios asociados, pueden despertar como entidades superinteligentes.
- Las interconexiones entre humanos y computadoras pueden llegar a tal nivel de profundidad que los que la usen actúen como superinteligencias.
- La ciencia biológica puede lograr métodos que mejore el intelecto humano natural.

Las tres primeras dependen de mejoras en el soporte físico (*hardware*) de las computadoras, el cual ha seguido una curva de crecimiento increíble en las últimas décadas. Por lo que le da más importancia al hardware de la computadora que a sus programas y se concentra en la creación de máquinas inteligentes independientes de si emulan la mente humana (IA débil). Es más, lo dice rotundamente, cuando afirma que existen otros caminos diferentes a la IA para llegar a la superhumanidad y a esta otra aproximación él le llama amplificación de la inteligencia, la cual se está sucediendo de una forma natural, cada vez que se mejora nuestra capacidad para acceder a la información y para comunicarnos. Esto nos lleva a la conclusión de una inteligencia "emergente" que podrá surgir de un momento a otro. Por lo que se desprende que para Vingen la inteligencia en las computadoras va a surgir de forma espontánea y que estará basada principalmente en la velocidad de las computadoras, idea ya antes formulada por Moravec.

Las máquinas inteligentes (concebidas dentro de la IA débil) permiten una serie de conclusiones que serían imposibles dentro de las concepciones de la IA fuerte. Una de las ideas más importantes es la emergencia, las maquinas pueden seguir su propio esquema evolutivo de entidades cada vez más inteligentes hasta llegar a superar la inteligencia humana, sin necesidad de copiar a la mente humana. Si tratáramos de copiar a la mente humana como propone la IA fuerte, esta estaría limitada por la propia inteligencia del hombre, jamás podría ser más inteligente que el "original" en todo caso igualarlo.

La idea de la singularidad como se sustenta sobre la base del *hardware*, asume que las máquinas superaran al hombre por su rapidez a la hora de pensar, pero no se tiene en cuenta la flexibilidad del cerebro. La idea es muy sencilla, siempre todas las expectativas se han basado en alguna interpretación parcial de algún logro y ahora está en la palestra la posibilidad de que las máquinas de jugar ajedrez superan al hombre, y esto no es porque la máquina pueda ser más "creativa", no, esto se basa en la velocidad de la computadora (*hard*) para analizar las posibles variante y de encontrar la mejor respuesta (claro que esto es heurística pura) y hace rato que la inteligencia artificial desechó la heurística como único método de lograr máquinas inteligentes (Vinge le llama superinteligencia débil a la que se basa únicamente en la rapidez de pensamiento).

Por otra parte, Vingen, considera que el poder y la influencia de Internet están siendo muy poco considerados: "La total anarquía de la red mundial es una evidencia de su potencial. A medida que crecen la conectividad, el ancho de banda, el tamaño de la capacidad de archivo y la velocidad de proceso (su habilidad para comunicarse en anchos de banda variables, incluyendo algunos mucho más elevados que la voz o los mensajes escritos). ¿Qué pasará cuando partes de un ego pueden ser copiadas y unidas a otras, cuando la autoconsciencia puede aumentar o disminuir para aproximarse a la naturaleza del problema bajo consideración? Es algo parecido a una biosfera recapitulada como un procesador de datos, pero un millón de veces más rápida y con millones de humanos como agentes inteligentes (nosotros mismos)".

Vingen también propone una inteligencia superhumana fuerte, la cual podría parecerse a una Sociedad de la Mente (idea de Minsky) con varios componentes muy calificados, donde algunos de esos "equivalentes humanos" podrían ser usados nada más que para procesamiento digital de señales. Y agrega: "para aquellos que no hayan cambiado (los que decidan seguir siendo humanos) el logro será un trato benigno, quizás dándoles la apariencia de ser los dueños de unos semidioses esclavos (las máquinas superinteligentes)".

La singularidad tecnológica fue propuesta por Vernor Vinge en 1993, desde entonces ha llovido bastante, y se hace necesario revisar algunos conceptos sobre la singularidad tecnológica y su clasificación como posibles superinteligencias.

La primera vía. El surgimiento de una superinteligencia basada en la idea de que las máquinas dado el crecimiento veloz que tiene el hardware (ley de Moore) tendrán cada vez más capacidad de memoria y más velocidad de procesamiento de la información y llegará un momento en que igualará y luego superará la velocidad del cerebro, este es el principio básico del que partió Vinge, para el surgimiento de una singularidad tecnológica; donde se maneja el concepto de una inteligencia que emerge de forma espontánea y adquiere consciencia de sí misma. Estamos hablando de que los humanos sean capaces de construir una inteligencia artificial que los iguale y que después, esta inteligencia no humana, sea capaz de superarse a si misma a la que yo denomino como superinteligencia artificial. La segunda proviene de la idea del *Ciborg* donde se fusiona el organismo humano con los mecanismos cibernéticos. Y es que, la idea de crear una inteligencia artificial partiendo de cero, para muchos resulta una tarea casi imposible, en cambio, parece más lógico aprovechar la creación de la naturaleza y trabajar sobre ella. Resulta obvio. ¿Por qué no aprovechar el camino recorrido por la inteligencia humana en lugar de crear una nueva? Son muchos los que piensan así y prefieren trabajar en aras de una inteligencia híbrida donde se combine lo mejor de los humanos con lo mejor de las máquinas y con ello trascender la condición humana y superar sus límites biológicos y con ello el surgimiento de una nueva inteligencia poshumana, a la que nombro como superinteligencia hibrida.

En tercer lugar la que más se aplica actualmente, y la menos divulgada como posible superinteligencia y surge de las redes cada vez más complejas que se irán conformando debido a la relación entre humanos, y entre humanos y maquinas, en la que Internet está jugando un papel importante dada las aplicaciones en el contexto de la Web 2.0 y de la naciente Web 3.0. No se puede ignorar el impacto que está teniendo la Web social y la gran cantidad de conocimiento que se está compartiendo en las Wikis, redes sociales y blogs, que se podrían ir auto organizando por medio de la Web semántica, conduciéndonos a una superestructura tecnológica de la cual emergerá una superinteligencia, como consecuencia de las complejas conexiones lógicas (y no física), que será producto de la cooperación entre humanos y máquinas. Muchos la conocen como cerebro global, siguiendo las ideas de Pierre Levy, prefiero llamarla superinteligencia colectiva.

Mientras las tres anteriores están relacionadas con las tecnologías conexas, aquellas que no se fundamentan en las ciencias de la vida, pero que tienen una incidencia importante sobre esta (Nanotecnología, Robótica, Inteligencia Artificial, etc.); en cambio, esta última, surge producto del desarrollo de la biología, ya que cifra sus esperanzas en la ingeniería genética. Aquí se manejan conceptos, muy debatidos en la actualidad, como el de eugenesia negativa o positiva o el de la clonación. En general se aspira al humano mejorado (humano+) por medio de la bioingeniería, la misma, irá conduciendo a la humanidad a una fusión progresiva y menos radical que la hibrida, aquí respetando a Vinge, la defino como superinteligencia biológica.

<u>Critica a la singularidad</u>
Según sus defensores la singularidad debe acontecer antes del 2030. El tiempo que resta antes de que se llegue a ese fenómeno se acelera con la utilización de máquinas para apoyar tareas de diseño o mejoras de diseño de nuevos inventos. Una vez llegado al punto en que se cree una inteligencia superior a la humana, se entraría en una etapa poshumana que probablemente conduzca a la extinción de la humanidad o a su subordinación a esos nuevos entes inteligentes. Aunque, para muchos, resulta ingenuo, creer que los aciertos de la IA surjan de métodos tan simples como búsqueda por fuerza bruta, y que la contribución más importante para el avance de la IA haya sido la Ley de Moore y los aumentos implacables en la velocidad de la computadora.

¿Hay alguna razón que nos pueda llevar a pensar que será así? Hoy la máquina supera al campeón del mundo en ajedrez, no sería esto razón suficiente. Sin embargo la máquina no utiliza la misma forma de pensar que el humano, su fuerza se basa en su velocidad de cálculo que le permite explorar de forma casi exhaustiva todas las variantes además, por supuesto, de contar con valoraciones estratégicas, pero lo que la hace invencible es su velocidad para calcular las variantes, lo que se llama algoritmo de fuerza bruta. Pero, esto apoya la tesis que según las máquinas mejoren su hardware obtendrán resultados mejores así, hasta superar a los humanos en todas sus facetas.

Comencemos por la artificial. ¿Estará el hombre dispuesto a construir una inteligencia no humana que lo supere? "Si no trabajamos en las tecnologías inteligentes alguien lo hará". O sea que las necesidades del mercado y la competencia que esta genera, nos llevará inevitablemente a el desarrollo de inteligencias artificiales (IA) superior a la humana. Y no hemos mencionado la carrera armamentista, que tampoco se detendrá.

La única preocupación, radica, en que estas ideas no se lleven a cabo, con la prontitud requerida, debido a las acciones que puedan desplegar los llamados "luditas" o "bioluditas". Que son aquellos que proponen la prohibición de aquellas tecnologías que puedan significar un riesgo para la humanidad. Sin dudas una IA superior a la humana es un peligro para los humanos, si aceptamos que vivimos en una sociedad basada en la competencia y en la lucha por el poder. Otros afirman que las ventajas son tantas que vale la pena correr los riesgos, pero algunos piensan que nos adentraremos en una aventura cuyas consecuencias son impredecibles.

Entre las críticas al surgimiento de una inteligencia artificial, está la de Roger Penrose quien establece diferencias entre el funcionamiento de un ordenador, que es capaz solamente de un razonamiento algorítmico basado en secuencias lógicas, y el funcionamiento del cerebro humano, que es capaz de estar abierto a la improvisación y a lo inesperado, a lo caótico, es decir, a lo creativo.

Los investigadores de IA, siguen creyendo que, aunque pueda tomar décadas para aclarar todos los detalles, no hay nada adicional subyacente en el pensamiento: es solo tratamiento de la información. Y siguen aferrados a la metáfora de que el cerebro es equivalente al hardware de una computadora, por lo que es totalmente factible transferir la mente de un soporte (el cerebro) a otro (la máquina).

En cambio, los expertos en computación tradicional no pueden creer que las computadoras relativamente simples, en las que se ejecutan sus programas, se almacenen sus bases de datos, sus gráficos; que requiere de un sistema operativo y opera sobre algoritmos numéricos; puedan ser también el sustrato donde se puedan ejecutar los complejos procesos de la mente humana.

La idea de la fusión responde al sueño de los transhumanistas de lograr un humano mejorado. El transhumanismo es un movimiento tecnológico, que, según Nick Bostrom, afirma la posibilidad y el deseo de mejorar, en modo fundamental, la condición humana a través de la razón aplicada, especialmente por medio del desarrollo y la puesta a disposición de tecnologías para eliminar el envejecimiento y potenciar grandemente las capacidades humanas, intelectuales, físicas y psicológicas.

La definición de una superinteligencia colectiva nos lleva a tomar la posición de los que creen que podrá surgir una supeinteligencia no humana y, de alguna forma, a estar de acuerdo con los presupuestos transhumanistas. Y surge de la idea del cerebro global, que además de tener como soporte la metáfora del cerebro, también parte la creencia de una inteligencia colectiva. Tal como la define Pierre Levy, una forma de inteligencia universalmente distribuida, constantemente realizada, coordinada en tiempo real, y resultando en la movilización efectiva de habilidades que de forma cooperada pueden conformar una inteligencia; como sucede con las sociedades de las hormigas.

Pienso que el surgimiento de una superinteligencia superior al humano, fíjense que digo superior al humano y no a la humanidad, será un proceso inevitable, el problema radica en tomar las decisiones correctas y en aprender a manejarnos con una inteligencia; capaz de integrarse y colaborar con los humanos, en lugar de ser una amenaza que inevitablemente nos irá desplazando.

Otra de las proyecciones del transhumanismo es la carga de la mente, la transferencia de la conciencia humana o de la personalidad en otro sustrato, por ejemplo; a una supercomputadora. Idea que parece extraída de la ciencia ficción y que hoy en día parece irrealizable. Para los defensores de la singularidad tecnológica esta es una de sus predicciones futuras favoritas, ellos parten de una visión mecanicista del hombre, según la cual el cerebro y sus funciones se pueden reducir a un sistema de procesamiento de información y han formulado la hipótesis de una existencia post-biológica y aspiran realizar un escaneo de la matriz sináptica de un individuo y reproducirla dentro de una computadora, lo que permitiría emigrar cuerpo biológico a un substrato puramente digital y con ello obtener varias copias de la matriz sináptica del cerebro, y así, alcanzar periodos de vida ilimitado. Para su realización afirman que se requiere del uso de una Nanotecnología ya madura, aunque, hay, también, otras formas menos extremas de fusionar la mente humana con la computadora y hoy día se están desarrollando interfaces del tipo neuro/chip. Esta tecnología está en sus pasos iníciales y sueñan en un futuro poder conectarse en forma directa al ciberespacio.

Son muy pocos los que analizan la posibilidad de sociedades en las cuales hombres y máquinas vivan de forma cooperativa y que, dadas sus diferencias, que son evidentes, puedan complementarse y realizar las tareas para la cual cada uno está mejor capacitado. Por otra parte, se ignoran las posibilidades de desarrollo del cerebro, el que, al igual que la máquina no se utiliza en toda su potencia y esta capacidad podrían ser estimuladas y ampliadas. En cambio, son muchos los que creen que las máquinas vendrán a sustituir a una humanidad decadente y sin futuro, y piensan que solo las máquinas estarán a la altura del mundo posmoderno o posindustrial que se avecina.

Riesgos potenciales de la Inteligencia artificial

Hoy en día se ha convertido en una moda el tema de una Inteligencia Artificial (IA) robusta, amable y alineada con los intereses humanos. En el artículo se analizan las dificultades actuales y, como la aplicación de la IA exacerbará muchos de los problemas del presente. Se cuestiona la posibilidad de construir una IA alineada con los intereses humanos, ya que los intereses humanos no están alineados entre sí y se pone en duda la eficacia de las inversiones actuales para la construcción de una IA robusta, como una forma de perder dinero, mientras que los verdaderos problemas que enfrentamos son ignorados. Se analizan los diferentes escenarios que se producen y sus consecuencias, así como la necesidad de aprender a lidiar con las nuevas tecnologías que están surgiendo.

El tema tiene muchas aristas, si pensamos en una IA que siempre será controlada por los humanos o si estamos hablando de una IA capaz de aprender por si misma y que podría igualar o superar a los humanos. En el segundo caso estamos hablando de una IA que se construirá para que sea cada vez más autónoma. Ahora la pregunta es, ¿a quién responderá esta superinteligencia artificial? Teniendo en cuenta que será más inteligente que los humanos, es importante saber quiénes la van a utilizar y con qué fin. Por lo que al final estaríamos hablando de un software propietario, propiedad privada de alguien. Por lo que tendremos varias posibilidades.

- Superinteligencia artificial creada (en sus bases para que siga mejorándose por si misma) por los centros de investigación.
- Superinteligencia artificial creada con fines militares, ya sea por militares o alianzas.
- Superinteligencia artificial creada por las grandes transnacionales como parte de su Know How, con fines económicos
- Superinteligencia artificial creada con fines comerciales, su propósito es comercializar los sistemas.
- Superinteligencia artificial abierta creada de forma colaborativa con la participación, entre otros, de la comunidad de software libre

Por otra parte, se asume como solución evitar que la IA sea peligrosa. Una IA robusta alineada con los intereses humanos (intereses de un estado tiránico, de militares, de una transnacional monopolista). La pregunta es: ¿Los intereses de quién? La IA serviría para la competencia por los mercados, para ganar guerras, para controlar a los ciudadanos, ... Y siempre será en aras del progreso, del bienestar, de la democracia, etc. Como lograr una IA alineada con los intereses humanos si los humanos no están alineados entre sí, sino piensen en los enfrentamientos actuales entre EEUU y Rusia, Israel y Palestina, Siria y el Estado Islámico, etc.

¿Cuáles son los intereses humanos?
- La destrucción (por negligencia) del planeta.
- Las guerras por disimiles fines, pero guerras al fin.
- La lucha por la hegemonía.
- El control de los recursos del planeta.
- Los conflictos territoriales.
- Ganar dinero a toda costa sin importar la destrucción del planeta, los derechos humanos (trata de humanos), la violencia, la venta de armas, etc.

Hoy las tecnologías se están convirtiendo en juguetes demasiado peligrosos en manos de los intereses humanos, dada la negligencia, el egoísmo y la ambición humana. ¿Qué sentido tiene construir una IA que nos supere? ¿Qué debemos hacer? El futuro de la humanidad depende de cómo enfrentemos estas preguntas.

¿Se agudizarán los problemas del presente?
Mientras la IA se hace más inteligente y nos preocupamos porque esté alineada a los "intereses humanos", por el camino irán surgiendo diferentes riesgos tan preocupantes como la misma super IA (riesgos del presente)
Problemas actuales
- Aumento del desempleo: ¿Se irá aumentando el desempleo según surja la IA? ¿Qué harán los luditas? ¿No surgirán enfrentamientos sociales?
- ¿Quién controlara la información y los procesos en su beneficio? ¿Qué hará con ella? ¿Surgirán super-monopolios o estados con el control absoluto de sus ciudadanos? ¿De quién será propiedad la super IA? (ver los conceptos de la IA propietaria)
- Le darán las tecnologías emergentes mayor participación y surgirá una sociedad civil fuerte que pueda librarse del control del estado y de las transnacionales. Para mí este es el punto clave.

- Como hacer accesible los códigos de la IA. Actualmente ya está sucediendo en Google, Facebook, con excepción de Cuba que producto del bloqueo económico de los EEUU, no puede acceder a la información.
- Dado los dos puntos anteriores que nos llevan a una sociedad más abierta y participativa como se podría ir transformando en una sociedad colaborativa e ir dejando atrás las competencias y las desigualdades.

Un peligro consiste en que el bienestar de los individuos dependa de los objetivos de una IA propiedad de una transnacional, no tiene por qué ser una súper IA para controlar a los humanos (basta con el procesamiento de los datos). La IA propietaria será una ventaja económica en manos de las transnacionales que les permitirán controlar los mercados y llevar a los usuarios a comprar todo aquello (sugestión) que la IA desee. Se adorarán a las IAs, las que siempre tendrán la razón.

El problema del riesgo potencial de la IA, se reduce a construir una máquina amistosa para que luego la usen los militares, los gobiernos tiránicos, los grandes monopolios, los terroristas, los sicópatas, etc. Una vez en manos inapropiadas vale la pena cuestionarse si es amigable, robusta o si está alineada con los intereses humanos, y por supuesto que estará alineada con los intereses de algunos (o de muchos), por lo que el riesgo no está en las maquinas sino en el consumidor final y en el uso que se le dará y tendremos que darle la razón a los luditas, que la mejor opción es prohibir la construcción de la IA. Considero un derroche de dinero al querer construir una IA robusta. ¿Quién garantiza que las transnacionales no van a competir con la IA robusta y van a aceptar las restricciones que se propongan? Peor aún, es muy posible que la IA surja ante en las transnacionales que en las instituciones que estudian los riesgos de la IA. El peligro no es una IA fuera de control sino las transnacionales que buscan las ganancias a toda costa, los militares en su lucha por la hegemonía y los gobiernos autoritarios que están construyendo fuera de control (basado en su poder económico, militar o político) una IA.

Pero hay más, el peligro no solo está en contar con un cerebro global privativo (propiedad de alguna transnacional) también surgirán diferentes versiones de humanos (mejorados por las tecnologías) y la competencia que surgirá por adquirir cada vez mas potenciales y ser superior a los demás. Lo extraño, es que hoy parece como si el único problema fuera el de la IA. Una IA que aún no se ha podido construir, en cambio ya se están desarrollando prótesis, implantes y dispositivos para mejorar las facultades humanas, y se está desarrollando la nube y toda la información está siendo procesada por Google con su buscador. Se están gestando tanto las versiones de humanos como un cerebro global (Google) que cada vez adquiere más control de nuestras vidas.

¿Se puede construir una IA alineada con los intereses humanos?

Como decía, queremos construir una IA alineada con los intereses humanos, una IA propiedad de las transnacionales, una IA propiedad del gobierno o de los militares, una IA en manos terroristas, de personas ambiciosas que buscan el poder, de fanáticos religiosos o una IA colaborativa con fines altruistas que nos haga más inteligentes y sabios

En el caso de la IA robusta que implicación tendrá para el ser humano. ¿Cómo este se beneficiará?

- Lo hará más rico y poderoso (IA como producto o servicio)
- Lo hará más inteligente y sabio (IA como colaborador)
- Lo hará inmortal (IA como rediseñadora de los humanos)

La IA estará alineada con los intereses humanos de ser más ricos y poderosos. No podemos olvidar que vivimos bajo la filosofía del tener: más riqueza, más poder, más control, etc. Lo cual nos llevará a una IA suprahumana ante la desesperación de la inteligencia natural infrahumana, que nada podrá hacer.

Los intereses detrás de una IA robusta
- Construir una IA que nos hará inmortal. Lleva al deseo de construir la IA cuanto antes. El riesgo es no poder vivir, el tiempo suficiente, para ser inmortal (existe la posibilidad de criogenizarse, pero no es lo mismo)
- Construir una IA que nos hará más rico y poderosos, lo que estará alineado con los intereses humanos (ser el macho alfa).
- Construir una IA colaborativa que nos facilite (dependiendo, en primer lugar, de nuestro propio esfuerzo) ser más inteligentes y sabios.
- Construir una IA alineada con los intereses transhumanistas. Una IA que facilite la conversión a superhumanos. Una IA que se vaya fusionando con los humanos el Cyborg.
- Una IA para producir las tecnologías necesarias para el mejoramiento del ser humanos (alineada con los intereses del humano+).
- Prohibir la IA

Según se avance desde la era actual (sociocultural) a la era tecnológica el macho alfa ira convirtiéndose hacia el transhumanismo (superhumano). Para el transhumanismo la IA estará alineada a los intereses humanos si apoya la conversión hacia el superhumano y será un peligro si llegara a tener sus propios intereses. La idea de la IA robusta carece de una visión de futuro y al no tener clara su ideología nos estará conduciendo a ciegas hacia el futuro y no tendremos otra opción que asumir la ideología predominante: el tecno-liberalismo. Por lo que vamos inevitablemente hacia un transhumanismo liberal, donde el ideal del macho alfa será sustituido por el del superhombre tecnológico.

En la actualidad se ignoran los verdaderos problemas: la simbiosis que se está produciendo entre humanos y tecnologías y la relación que está surgiendo entre el progreso humano y el progreso tecnológico. Y sobre todo, la falta de una cosmovisión que nos lleve a un progreso humano verdaderamente digno, donde la humanidad, sin diferencias, pueda desarrollar todo su potencial. Pienso que la idea de la IA robusta carece de una visión de futuro y al no tener clara su ideología nos estará conduciendo a ciegas hacia el futuro y no tendremos otra opción que asumir la ideología de un tecno-liberalismo o lo que es lo mismo vamos inevitablemente hacia un transhumanismo liberal, donde el ideal del macho alfa será sustituido por el del superhombre tecnológico.

Paradigma transhumanista (las tecnologías son la solución para los humanos)
- Trascender los límites biológicos
- Desarrollar las capacidades humanas hasta límites insospechados (superhumanos)
- IA como producto capaz de mejorar la inteligencia humana
- El mejoramiento individual lleva al mejoramiento social
- En muchos casos se tiene en cuenta al mercado como regulador de las tecnologías.
- Se advierten los riesgos del surgimiento de una super IA que asuma el control de la sociedad.

En realidad, para el transhumanismo IA estará alineada a los intereses humanos si apoya la conversión hacia el superhumano y será un peligro si llegara a tener sus propios intereses. Por otra parte, la idea de una IA amistosa, robusta y alineada con los intereses humanos nos plantea muchas interrogantes y es que el camino hacia una superinteligencia humana está plagado de riesgos, los cuales pueden ser, incluso, exacerbados con el surgimiento de la IA

Hoy estamos ante la disyuntiva de:

a) Construir una superinteligencia artificial amistosa para que después se ocupe de nuestros problemas. La pregunta es: ¿Seguiremos siendo humanos?

b) Construir una superinteligencia colectiva donde colaboren humanos y tecnologías. Se produzca una sinergia mutua entre humanos y tecnologías donde ambos se favorecen.

Pero en realidad la IA amistosa estará alineada con los intereses humanos de ser más ricos y poderosos. No podemos olvidar que vivimos bajo la filosofía del tener: más riqueza, más poder, más control, etc. Lo cual nos llevará a una IA suprahumana ante la desesperación de la inteligencia natural infrahumana, que nada podrá hacer.

Los riesgos de la super IA como parte del problema tecno-científico
- El peligro de una IA fuera de control que tendría sus propios objetivos (IA no alineada a los intereses humanos).
- La lenta evolución humana y sus límites biológicos, no compite con la acelerada
- evolución artificial (explosión de inteligencia).
- El riesgo de una simbiosis humano-tecnología no favorable a los humanos.
- No alcanzar el conocimiento necesario para manejarse con las nuevas inteligencias.

El peligro no es una IA fuera de control sino las transnacionales que buscan las ganancias a toda costa, los militares en su lucha por la hegemonía y los gobiernos autoritarios que están construyendo fuera de control (basado en su poder económico, militar o político) una IA. Y es que al final, la IA servirá para la competencia por los mercados, para ganar guerras, para controlar a los ciudadanos... Y siempre será en nombre del progreso, del bienestar, de la democracia, etc.

Hoy se quiere evitar el surgimiento de una super IA que funcione como un cerebro global propietario que asuma el papel de una divinidad que sabe lo que nosotros queremos y que siempre tiene la razón, a lo que algunos proponen ir construyendo una IA estrecha para luego construir una IA general, y no se habla de ir construyendo una IA distribuida como parte de un sistema global colaborativo que incluya a los humanos y a las máquinas. Por otra parte, no queda claro sin que una IA sea beneficiosa, quiere decir que de alguna forma va a colaborar con los humanos o, sencillamente, basta con que responda a los intereses humanos.

Como podemos enfrentar los riesgos de una IA

1. Realizar investigaciones en la ley, la ética, las políticas para una IA avanzada, debemos cuestionarnos si es correcta la ética humana actual. La necesidad de aprender a manejarse con las tecnologías y la sabiduría que debemos alcanzar.

2. La educación relacionada con este tipo de investigación, no es construir una IA amigable, sino enseñar a la IA a ser amigable, pero, primero tenemos nosotros que aprender a ser amigables (enseñarnos a nosotros mismos). Quizás tanto la IA como nosotros podamos aprender juntos y aumentar la inteligencia y la sabiduría.

3. Para poder entender cuáles son los intereses "humanos" primero tendríamos que definir que es el progreso verdaderamente humano.

La falta de sabiduría humana para manejarnos con las nuevas tecnologías. ¿Qué significa la falta de sabiduría, sus consecuencias?

- Aumento de la desigualdad
- Buscar ganancias a toda costa
- Usar todas las tecnologías en el ser humano (de forma indiscriminada)
- Fallas en la educación moral

En la actualidad se ignoran los verdaderos problemas: la simbiosis que se está produciendo entre humanos y tecnologías y la relación que está surgiendo entre el progreso humano y el progreso tecnológico. Y, sobre todo, la falta de una ideología que nos lleve a un progreso humano verdaderamente digno, donde la humanidad, sin diferencias, pueda desarrollar todo su potencial. La preocupación no es que la IA sea más inteligente, más amigables, ni más robusta sino que los humanos sean capaces de ampliar su inteligencia y su sabiduría junto a la IA, y lo que sucede, en realidad, es que estamos proyectando nuestra preocupación por nosotros mismos sobre la IA, y tememos que esa superinteligencia pueda hacer cosas peores que nosotros, ya que estamos en un momento de transición de la era actual socio-cultural hacia una era tecnológica y todo indica que vamos a ciegas un futuro al que nos está arrastrando nuestra mentalidad egocentrista se necesitan cambios y buscar acciones que nos permitan elegir nuestro futuro.

Dilemas propuestos por el bioeticista Van R Potter, con el cual siempre estaré en deuda. A continuación, un enfoque de los problemas, los desafíos, los dilemas de Potter y las acciones.

Problema biomédico:

Desafío: Aprender a manejarse con los nuevos conocimientos dado el acelerado crecimiento de las tecnologías emergentes (superinteligencias) y lograr una relación entre humanos y tecnologías que permita ampliar la inteligencia y la sabiduría humana.

Dilema: Cuando no aplicar toda la tecnología disponible en el ser humano

Acción: Proponer un altruismo eficaz capaz de evitar los riesgos existenciales creados por el hombre tales como el de una inteligencia artificial que ponga en peligro a la especie humana o el surgimiento de superhumanos que aumenten las desigualdades y las injusticias sociales

Problema ecosostenible:

Desafío: Asumir una actitud proactiva para lograr una sinergia entre humanos y tecnologías que favorezca una evolución trascendente (ectosimbiosis mutual) donde los humanos no pierdan su propia condición humana y donde la vida siga progresando hacia un futuro sostenible

Dilema: Crecimiento económico sin afectar la supervivencia humana.

Acción: Identificar y estudiar los problemas ante el impacto de las tecnologías emergentes que nos permita tomar el control de nuestra propia evolución hacia una sinergia humanos-tecnologías que sean beneficiosas para ambos y para no ir a ciegas al futuro.

Problema socioeconómico:

Desafío: Cambiar la actual estructura social competitiva y trabajar en una estructura social colaborativa basada en relaciones profundas que busca el bien de todos.

Dilema: El aumento de la desigualdad y la falta de justicia social.

Acción: Trabajar en la creación de herramientas y formas de trabajo cooperativas para la construcción de una estructura social colaborativa que nos lleve hacia una inteligencia colectiva que permita aumentar la inteligencia y la sabiduría humana.

Problema psicoreligioso:

Desafío: Empezar por cambiar nuestra propia mentalidad y alcanzar la manifestación plena del ser por medio del desarrollo de nuestra propia fuerza interior.

Dilema: Falla de la educación secular para desarrollar la responsabilidad y la integridad moral.

Acción: Buscar soluciones éticas como alternativas a las ideologías que representan un progreso tecnológico acelerado sin tener en cuenta un progreso verdaderamente humano, así como trazar una ideología que nos permita seguir progresando como humanos plenos, en la era de las tecnologías, hacia un futuro sostenible desde un cambio de mentalidad que garantice la supervivencia de la vida en el planeta.

Problema tecnocientífico:

Desafío: Formación de las nuevas generaciones en los valores humanos para que sepan tomar las decisiones correctas en la era de las tecnologías y formen a su vez generaciones mejores.

Dilema: Aumento del conocimiento sin el aumento de la sabiduría para manejarse con ese conocimiento.

Acción: Crear un centro de adiestramiento, en especial, de las nuevas generaciones para que sean capaces de manejarse con las nuevas tecnologías que están emergiendo y para que puedan tomar las decisiones correctas hacia un progreso humano verdaderamente digno.

Tengo fe en que el miedo a construir una IA que nos pueda superar y desplazar como especie dominante puede ser el detonante para reflexionar sobre nosotros como seres humanos, en nuestra propia esencia y obligarnos a cambiar nuestra actitud sobre nosotros mismos.

¿Nos estamos acercando al final de la especie humana?

La relación entre humanos y tecnologías, cada vez, se hace más compleja, y es que las tecnologías van dejando de ser un medio para convertirse un fin en sí mismas. Según nos vayamos acercando a la construcción de una superestructura social donde humanos y tecnologías comparten las decisiones. El problema radica, en ¿cómo van a incorporarse las tecnologías al progreso humano? ¿Sabemos hacia dónde vamos? Podemos creer ciegamente en un futuro luminoso, si ni siquiera tenemos el control de nuestras vidas. Hoy sabemos que nuestra actitud hacia el planeta era errónea, que vivimos en un planeta finito que se deteriora rápidamente por la acción humana, que vivimos en red y que las crisis se propagan cada vez con más rapidez y que el mundo cada vez se hace más amenazado e inseguro, y lo peor que la amenaza proviene del propio ser humano.

Amenazas tan reales que ya se están sintiendo sus efectos en todas partes del mundo y si no se toman medidas sus efectos sobre el planeta, las especies y la propia raza humana podrían ser irreversibles y destruir todo lo vivo. El mal uso de la tecnología, con fines hegemónicos, el consumismo y el militarismo entre otros factores, ha traído como consecuencia, la contaminación, la degradación de los ecosistemas y el agotamiento de los recursos. En el mal uso de las tecnologías, también se considera los errores humanos, ej., que un virus se escape de un laboratorio.

Aquí vamos a considerar, preferentemente, los escenarios que tienen que ver con la acción humana, por eso no se tienen se destacan otros como los supervolcanes, tsunami, choque con un meteorito, etc. En el caso de las pandemias estas pueden ser productos de la mala manipulación humana de los virus y de experimentos no seguros.

Exterminio o degradación de la especie humana (perdida de la naturaleza humana)
Los peligros de la extinción humana pueden provenir por varias vías:
1.- Extinción por fuerzas externas. Ej, choque con un meteorito, explosiones solares. Son los acontecimientos no creados por el ser humano.
2.- Extinción por accidentes humanos o por la acción indirecta de los humanos. Ej., mal uso de las tecnologías, guerra nuclear, contaminación del planeta.

Vamos a ver los algunos de los riesgos existenciales debido al mal uso que el ser humano le ha dado a la ciencia y la tecnología lo cual puede llevar a la destrucción de la vida producto de la negligencia o del ansia de poder.
- La carrera armamentista con armas cada vez más destructivas y autónomas. El peligro de una guerra mundial
- Un estado que lo controla y lo sabe todo
- Escape de un virus del laboratorio
- La venta ilegal de armas cada vez con más poder destructivo y el incremento del terrorismo
- Inteligencia artificial mal programada
- Mal uso de la nanotecnología.
- Mala utilización de la biotecnología.
- Tecnologías autónomas que se escapan de las manos (maquinas que se auto construyen a sí mismas)

¿Cuáles son los mayores peligros?
Según el Centro para el Estudio de Riesgo existencial de la Universidad de Cambridge las "cuatro grandes amenazas" a la especie humana son: la inteligencia artificial, el cambio climático, la guerra nuclear y la biotecnología.

La biotecnología
La biotecnología podría conducir a la creación de una pandemia, una guerra química podría ser llevada al extremo, la nanotecnología podría conducir a la plaga gris en la que robots auto-replicantes, fuera de control, consumen toda la materia viva en la tierra, mientras se reproducen de forma acelerada. En ambos casos, ya sea deliberadamente o por accidente.
La biología sintética, en la que la biología se encuentra con la ingeniería, promete importantes beneficios médicos. Seán O'Heigeartaigh, un experto en evolución molecular, desconfía de las buenas intenciones mal informadas, pues en los experimentos se hacen modificaciones genéticas, desmantelando y reconstruyendo las estructuras genéticas. "Lo más probable es que no se propongan hacer algo dañino", apunta, pero subraya que siempre existe el peligro de que se dispare una secuencia de eventos no anticipada o de que algo se torne nocivo cuando se transfiera a otro ambiente.
La nanotecnología, trabajar a nivel molecular o atómico, también podría tornarse en algo altamente destructivo si se usa para la guerra, apunta Bostrom. Por ello, escribió que los gobiernos futuros enfrentarán el gran reto de controlar y restringir su mal uso.

La inteligencia artificial

La manera en la que la inteligencia artificial (IA) interactuará con el mundo exterior es otro de los temores. Esa "inteligencia" informática puede ser una herramienta poderosa para la industria, medicina, agricultura o el manejo de la economía. Pero también es completamente indiferente a cualquier perjuicio fortuito. Daniel Dewey, quien se enfoca en superinteligencia artificial, habla de una "explosión de inteligencia" en la que el poder acelerado de las computadoras se vuelve menos predecible y controlable. "La inteligencia artificial es una de las tecnologías que pone más y más poder en paquetes más y más pequeños".

Se puede producir una inteligencia artificial (IA) que por errores en la programación pueda asumir objetivos diferentes a los esperados, errores que aunque no sean intencionales, no podemos olvidar que los programadores están inmersos en un contexto de poder y que muchos de estos programas son financiados por instituciones militares, por lo que no sería extraño que la IA respondiera a fines hegemónicos y fuera una herramienta en manos de políticos cuyo interés se base en el dominio y el control. Y en este contexto no se puede descartar que la criatura se virara contra su creador.

Para evitar los posibles riesgos se trabaja en la construcción de una IA avanzada (superinteligencia) alineada con los intereses humanos. La pregunta es: ¿Cuáles son los intereses humanos?

Programas actuales para el desarrollo de la IA: Satanford, 100 años para la IA, MIRI, Opend IA (Musk), Google, IBM, Microsoft, etc. Todos, de alguna forma, buscan construir cuanto antes una IA que responda a sus intereses, buenos o malos, pero intereses al fin.

Los robots, representan otra seria amenaza; han ido adquiriendo diversas formas de semi-autonomía, además de ser capaz de encontrar fuentes de energía por su cuenta y poder elegir de forma independiente los objetivos a atacar con armas. Algunos expertos y académicos han cuestionado el uso de robots de combate militar, sobre todo cuando estos robots se les da un cierto grado de funciones autónomas.

La guerra nuclear

Carrera armamentista vs Desarme global

Los escenarios que se han explorado con mayor frecuencia son la guerra nuclear y los dispositivos Doomsday. Hay dificultad para predecir si esto llevará al exterminio de la humanidad, sin embargo, un invierno nuclear causaría una conmoción considerable en las civilizaciones avanzadas.

¿Es posible que las grandes potencias en su soberbia y afán de poder nos arrastren a la tercera guerra mundial?

La guerra como confrontación directa podrá no surgir, pero la carrera armamentista y los enfrentamientos, ya son un hecho y nadie duda que esto se puede ir de las manos y desencadenar en una confrontación mundial. La creación actual de bloques militares, tal como sucedió en las guerras mundiales anteriores, de por sí, son un mal síntoma. Todo indica que ya están todos los ingredientes para la tercera guerra mundial, solo falta el detonante.

La pregunta es: ¿Estamos de acuerdo con que las grandes potencias sigan compitiendo en una carrera armamentista que hunde al mundo en la pobreza y que amenaza con convertirse en la tercera guerra mundial que arrastraría a la humanidad (a todos por igual) a su propia destrucción? ¿Qué papel puede jugar la sociedad civil en aras de producir cambios sociales que controlen estas acciones?

El cambio climático

Mientras las anteriores pueden suceder, este ya está sucediendo. Los anteriores son una acumulación de conocimientos y desarrollo de aplicaciones peligrosas que pueden desencadenar en la destrucción del planeta. Aquí estamos hablando de los efectos que se están produciendo producto del uso negligente de las tecnologías.

- Contaminación.
- Degradación de los ecosistemas.
- Agotamiento de los recursos.
- Crecimiento incontrolado de la población mundial.
- Desequilibrios insostenibles.
- Conflictos destructivos.
- Pérdida de diversidad biológica y cultural.
- Acelerado cambio climático.

El calentamiento global, se refiere al calentamiento causado por la tecnología humana desde el siglo XIX y se refleja las variaciones anormales en el clima tale como: el aumento de los mares, derretimiento de glaciares, sequías, etc. Se ha sugerido que el calentamiento global fuera de control puede convertir a la Tierra en un planeta caliente como Venus. En situaciones menos extremas podría provocar que el fin de la civilización tal como la conocemos.

Con respecto a la aceleración, según datos de las Naciones Unidas, tenemos:

- Un crecimiento muy superior al que se había producido desde el comienzo de la civilización hasta 1950.
- Los 20 países más ricos del mundo han consumido en el último siglo más materia prima y más recursos energéticos no renovables, que toda la humanidad a lo largo de su historia y prehistoria.
- Desde mediados del siglo XX han nacido más seres humanos que en toda la historia de la humanidad.

Por lo que es casi seguro que cuando se alcance la primera mitad del siglo XXI se haya consumido más recursos del planeta que en toda la historia anterior (incluido la segunda mitad del siglo XX, que a su vez había consumido más recursos que en toda la historia). De mantenerse esta aceleración, que parece no tener límites, debida al ansia de consumismo y al egoísmo humano. Teniendo en cuento que los recursos del planeta son limitados; el agotamiento de los recursos es solo cuestión de tiempo.

Por lo que, según estos datos, sino se hace nada, es muy posible que la aceleración de la degradación del planeta le gane la competencia a la aceleración de las tecnologías y su sueño de una poshumanidad.

Autoextinción.

Destrucción consciente de la especie humana, producto de la naturaleza destructiva del ser humano o con fines de crear una especie "superior". La autoextinción es casi imposible de detener si no se cambia la mentalidad del ser humano (transhumanismo de carácter liberal). Estaremos ante una endosimbiosis mutual

Si en la anterior nos referíamos a una extinción por accidentes humanos, en las guerras nucleares estamos hablando de una de las formas de auto extinción donde la lucha por el poder llega a límites extremos y dada la inconformidad de la especie humana con su propia condición esta de forma voluntaria puede proponerse la extinción de los seres humanos con el fin de sustituirla por otra más avanzada. Se trata de sustituir el proceso evolutivo biológico por un proceso artificial que lleve a la creación de un súper humano que por medio de la tecnología se convierta en la cima de la evolución. En nuestros tiempos debido al desarrollo tecnológico, las amenazas aún son mayores: una guerra nuclear, terrorismo biotecnológico, auto extinción voluntaria en aras de una nueva humanidad. La historia tiene varios ejemplos de culturas que han sido aniquiladas en aras de una nueva civilización.

Con respecto a la política que pasara si en un futuro próximo, el presidente de EEUU, es una transhumanista, ya se está postulando un transhumanista a la presidencia. ¿Estará las tecnologías de mejoramiento al alcance de todos? ¿Existirá una raza de superhumanos (si la guerra o la contaminación no acaba antes con el planeta) que someterá a los humanos? De aquí que sacan la conclusión que es necesario tomar el control de la evolución humana y avanzar hacia una transhumanidad. Proponen la sustitución de una especie humana obsoleta por otra especie "superior" con poderes ilimitados y que por medio de las tecnologías emergentes (nano, bio, info y cogno) se puede alcanzar la poshumanidad.

Actualmente ya algunos están pagando por que se les congele (criogenizar) sus cuerpos al morir; no todos, aunque lo deseen, pueden pagarlo; otros congelan sus cabezas, para cuando la tecnología haya madurado, los revivan y puedan disfrutar de una vida poshumana. De momento es solo un negocio donde ya algunas compañías están recibiendo sus ganancias. Esto según Bostrom podría crear una sobrepoblación, para la que no se estaría preparado, de hecho, ya estamos ante un crecimiento incontrolado de la población.

Los riesgos desde el transhumanismo

Una de las mayores preocupaciones de Bostrom creador del transhumanismo, es que no se llegue a alcanzar la posthumanidad, de ahí su preocupación a que surjan leyes que prohíban ciertas investigaciones o aplicaciones que limiten o frenen el camino hacia una transhumnidad, para él, la única solución viable para la humanidad. También le preocupa que existan problemas tecnológicos, que no permitan llevarla a la práctica y aquí surge una de las hipótesis más importantes: la acelerada degradación del planeta, calentamiento global, contaminación, consumo de recursos no llevará a corto plazo a la muerte del planeta y convirtiéndolo en un lugar inhóspito sin dar tiempo a que la tecnología se desarrolle lo suficiente y no se pueda alcanzar la meta de una poshumanidad. De ahí la tesis de los tecnofuturistas de apostar por la aceleración de la tecnología a toda costa, con el fin de tener alternativas artificiales que sustituyan la vida actual.

- Criogenización y superpoblación.
- Control del estado, de instituciones, ONG, movimientos religiosos, etc. Que no permitan ciertas aplicaciones para el mejoramiento humano (transhumanidad).
- Dificultades tecnológicas. Que la transhumanidad no se pueda llevar a la práctica
- Agotamiento de los recursos naturales antes de que puedan ser creados artificialmente.

La extinción en un futuro por las propias tecnologías. Las máquinas como herederas del planeta. Una superinteligencia artificial que controla el planeta (Moravec)

Ante el surgimiento de una IA superior a los humanos podría suceder
1.-La humanidad como mascota (humano dócil)
- Las máquinas le darán un trato benigno a los humanos. Los mantienen, los alimentan.
2.-La humanidad se integra a las tecnologías
- Vivir en un entorno artificial. Ej., recargar la mente (poshumano) – Estaremos ante una endosimbiosis parasitaria (tecnocentrismo)

Involución de la especie humana. Prohibición de las tecnologías o un control muy estricto de las mismas que limita el progreso tecnológico. Es una forma de autoextinción, ya que se produce un estancamiento voluntario ante el temor a las tecnologías (bioludismo) Esto lleva a un retorno a la era biológica (biocentrismo). Estaremos ante una ectosimbiosis parasitaria

Este escenario es más lógico que se produzca después de una guerra mundial

Soluciones para preservar el progreso humano y conservar de alguna forma la condición humana.

1.- Control de las tecnologías para que estas sean un medio para el progreso humano. Estamos hablando de un control inteligente donde se busca que las tecnologías sean lo más beneficiosa posible (bioconservadores). Esto lleva a conservar la era actual socioeconómica. Estaremos ante una ectosimbiosis comensal. Se corre el peligro de frenar el progreso y caer en una forma de bioludismo

2.-Modificaciones controladas de la especie humana. Mejoramiento por medio de la biotecnología, prótesis (tecnoprogresismo). Estaremos ante una endosimbiosis comensal Se corre el peligro de caer en un transhumanismo de corte libera y terminar siendo un ciborg.

3.-Colaboración humanos-tecnologías. Lograr la convivencia entre humanos, transhumanos y tecnologías autónomas (bioeticismo). Esto lleva al progreso humano en la era tecnológica. Estaremos ante una ectsosimbiosis mutual. Se corre el peligro de ser controlados por las máquinas y caer en una forma de poshumanismo.

Existen amenazas externas como las explosiones solares, en lugar de prepararnos para los cataclismos naturales estamos luchando por el poder, en lugar de preservar el planeta, lo estamos destruyendo, en lugar de unirnos para enfrentar los desafíos del futuro estamos queriendo ser el ombligo de un mundo cada vez más frágil y más necesitado de la sabiduría humana y de una verdadera colaboración que garantice la supervivencia del planeta y de la especie humana.

Con respecto a la inteligencia artificial la preocupación no es por la IA en si misma sino la necesidad de cambiar nuestra mentalidad ante los problemas que enfrenta el mundo actual y que puede desencadenar la destrucción humana. El mensaje consiste en tomar conciencia de los peligros que enfrenta la humanidad

Y es que estamos ante la decadencia del modelo mundial actual, producto de nuestra actitud egoísta y hegemónica (mente intelectual) que nos llevará al fin de la especie humana ya sea por la destrucción del planeta o por la confrontación, debemos pasar un nuevo modelo basado en la sabiduría y la colaboración (mentalidad espiritual) como forma de lograr un verdadero progreso humano.

Cibernéticos punk

Son los ideólogos, de las máquinas como herederas del planeta, vaticinan el surgimiento de una poshumanidad producto de la asimilación de la cultura humana por las máquinas y quizás alguna forma de convergencia, no muy clara, con los humanos. La poshumanidad sería la exacerbación de la posmodernidad, la máxima expresión de las sociedades posindustriales. Estos ideólogos de alguna forma están relacionados con el pensamiento punk, el cual se plantea como un rompimiento con la idílica visión de que el mundo se podía salvar y que a la estupidez destructiva del hombre bastaba oponerle el amor. El punk es la respuesta violenta a un mundo absurdo y sin futuro.

Por eso no es de extrañar que muchos de los defensores de estas ideas sean escritores que están dentro de la corriente ciberpunk que no es más que la unión de los avances de la electrónica y la computación con el viejo movimiento punk de rockeros y drogadictos. Dentro del movimiento ciberpunk han surgido muy buenos escritores de ciencia ficción tales como Gibson y Bruce Sterling, quienes están más preocupados por las relaciones humanas en las sociedades posmodernas que en la ideología cibernética, lo cual no sucede con otros escritores y científicos que, si son genuinos representantes de esta corriente de pensamiento tales como Marvin Minky, Hans Moravec, Vernor Vingen y Rudy Rucker.

Hubo un tiempo que los investigadores de la IA se dividían en los de la costa Oeste "los pulcros" liderados por John McCarthy y Nils J. Nilsson y los de la costa Este "los zarrapastrosos" liderados por Marvin Minsky y Robert Schank.

La discusión era en torno a si la IA debía fundamentarse en la lógica o en la semántica. Para "los pulcros" sólo la lógica podía proporcionar una vía segura a la IA de llegar a resultados. Para "los zarrapastrosos" era la semántica la que realmente podía comprender los procesos de la mente y no la lógica que era sólo pura sintaxis sin contenido.

Hoy esas discusiones han pasado a un segundo plano y tal vez el asunto más importante sea, quienes aún siguen creyendo en una IA fuerte. Pero ese ya no es el problema de estos tiempos, tiempos de crisis para todos por igual: investigadores de la IA, psicólogos, sociólogos, biólogos, físicos... Pienso que el problema fundamental es un problema ético, que reside en la metáfora del computador y en la ideología que emana de ella. Porque, es una verdad muy conocida y demasiado ignorada, que las obras nacen primero en las mentes, y teniendo en cuenta que esta es una lucha de ideas. Es necesario saber si, ya hoy, estamos aceptando convertirnos en máquina.

Bajo ese criterio yo dividiría a los investigadores de las ciencias de la computación (no importa que sean filósofos o sociólogos o escritores) en cibernéticos punks y cibernéticos zen.

Mencionaremos a uno de los representantes más influyentes dentro de esta ideología, el norteamericano Vernor Vingen, matemático y escritor de ciencia ficción, quien vaticina que la creación de entidades con inteligencia mayor que la humana será una realidad en un futuro cercano, como ya dijimos, antes del 2030, y se podrá alcanzar de diferentes modos. Del cual ya hablamos.

Hans Moravec, el Mesías de la era de los robots

Hans Moravec, quien ha consagrado toda su vida a la robótica, es sin dudas el más entusiasta de todos. Su amor por los robots va más allá de un simple proyecto de investigación. Más bien parece un predicador o un Mesías de una nueva era: la de los robots.

Luego de la primera crisis de la IA, la de los 60, producto de la expectativa que se creó en torno a la posibilidad que ofrecía la máquina en la solución de problemas complejos, tales como la demostración de teoremas matemáticos, el juego de ajedrez, etc. Llevó a los investigadores a la conclusión, de que, si se podían desarrollar programas para que las máquinas resolvieran problemas considerados difíciles, entonces, con los menos complejos no tendrían la menor dificultad y ahí vino el fracaso. La máquina, no fue capaz de resolver problemas sencillos por carecer de sentido común y resultó que programar el sentido común es una tarea casi imposible.

De ahí que Moravec abandonase la tesis de los programas que simulen la conducta humana por la de las máquinas más veloces que a través de algoritmos (fuerza bruta) supla su falta de sentido común y de flexibilidad. Y afirmara, que a medida que las computadoras sean más rápidas adquirirán también las capacidades de pensamiento del ser humano.

Según Moravec la inteligencia artificial será posible cuando se hayan construido computadoras más veloces, también cree que las máquinas deberán tener autonomía de desplazamiento –idea que actualmente sostiene Brooks con su proyecto de un robot bebe, que está programado para aprender por sí mismo, al que llamó Cog–

Moravec, cree que nosotros evolucionamos con un tranquilo intervalo de cien millones de años entre cada cambio significativo. Y afirma con entusiasmo: "Las máquinas están dando pasos semejantes, pero lo cubren en pocas décadas. La velocidad se acelerará a medida que ejércitos de máquinas baratas se pongan a trabajar como programadores e ingenieros, con la tarea de mejorar el hardware que hace de ellas lo que son. Las sucesivas generaciones de máquinas producidas de este modo serán cada vez más inteligentes y baratas. No hay motivo para suponer que la equivalencia humana fije algún tipo de límite superior".

Hans Moravec, al igual que Vinge se basa en el crecimiento acelerado de las máquinas, las cuales en pocos años han alcanzado resultados que a los humanos les ha llevado siglos de evolución. Se fundamenta en la velocidad de las máquinas o sea en las operaciones o instrucciones por segundo que esta realiza, las cuales han ido aumentando desde 1971 que solo alcanzaban las mil instrucciones por segundo (1 MIPS) pasando por 10 y 100 MIPS en los 90s hasta llegar casi a los 1000 MIPS en la época actual y partiendo de ese crecimiento acelerado Moravec asume que alrededor del 2020 las máquinas habrán alcanzado los 100 millones de MIPS, que según sus cálculos basados en la metáfora del cerebro como procesador de información, para entonces, se logrará alcanzar la capacidad del cerebro humano y a partir de este momento, los humanos inevitablemente serán superados por las maquinas.

También, coincide con Vinge, al asumir que será el mejoramiento del hardware, una vez que se superen las operaciones por segundo que realiza el cerebro (metáfora computacional), las maquinas "emergerán" como una superinteligencia". Lo cual se asume por analogía con la humanidad, la que, en un punto dado de su evolución, "emergió como un ser inteligente"; y está convencido que las maquinas, también, evolucionarán; por una vía artificial, hasta convertirse en entidades inteligentes y que no se vislumbra ninguna cota que limite esta evolución; seguirán creciendo hasta alcanzar una superinteligencia y suplantar a los humanos.

Una de las ventajas, que traería el surgimiento de una superinteligencia artificial, sería la copia de la mente (recargar la mente en una computadora). De la que Hans Moravec es un defensor. Y destaca las siguientes:

- Aumentar la velocidad de cálculo
- Extender la vida
- Vivir en un espacio reducido; en una computadora
- Viajar a la velocidad de la luz
- Incrementar los conocimientos; podrían aumentar su memoria, agregar nuevos sentidos, etc.
- Aprender y comunicarse directamente; comunicación directa mente a mente.

66

Mencionadas las ideas básicas de Moravec para que surja una superinteligencia, veremos los aspectos y éticos y sociales de sus ideas.

Moravec se lamenta de su condición de humano y no duda en aceptar que el mundo está un poco jodido y la causa de ello es que tenemos un cerebro de la Edad de Piedra, el cual ha estado condicionado por la evolución, que obligaba a vivir cazando para comer, hoy se vive en enormes ciudades, obligados por tareas antinaturales y a sufrir de un largo entrenamiento para luego cuando alcances a comprender la cosas, tu cerebro comienza a deteriorarse y mueres. Ve a la tecnología como la forma de transformar al ser humano y hacer del más de lo que es; sueña con robots que alcancen su propio proceso evolutivo y que lleven a la extinción de la especie humana. Afirma que esto lo mejor que nos puede suceder ya que estaremos ante la última forma de trascendencia humana y llama con orgullo a los robots *nuestros hijos mentales*.

Para Moravec los robots serán una continuación de nosotros mismos y no significarán una extinción más de lo que una nueva generación de niños provoca la extinción de la generación que le precedió. Y como está convencido de la superioridad de las máquinas y de que ese es el único futuro posible, afirma que su propósito es empujar las cosas hacia ese destino.

Por supuesto que las ideas de Moravec han alarmado a muchos científicos, Joseph Weizenbaum quien fuera profesor emérito de Ciencias de la Computación en el MIT argumenta que el libro de Moravec, Minds Children: The future of Robot and Human Intelligence es tan peligroso como "Mi lucha" de Adolfo Hitler.

El pensamiento de Moravec es preocupante, de sus ideas se puede inferir que no es necesario salvar al planeta, ya que su fin es inevitable y la única vía es la creación de seres artificiales capaces de sobrevivir en ese mundo inhóspito, y podemos ir más lejos aun, y aspirar a un desarrollo tecnológico capaz de reconstruir un mundo totalmente artificial que termine con la diversidad biológica y cultural. Un mundo poblado exclusivamente por una especie de superinteligencia artificial.

Otro de los Cibernéticos punk, Rudy Rucker matemático, cantante de rock, escritor de ciencia ficción y tal vez el más genuinamente ciberpunk de todos. A diferencia de los anteriores se mantiene fiel a la idea de una Inteligencia Artificial fuerte y del dualismo mente-cuerpo a través de las mentes cibernéticas, los programas que representan a un individuo.

Rudy Rucker cree que en el futuro será posible desmembrar por completo la mente del cuerpo a través de las computadoras y cree que las máquinas podrán permitir la inmortalidad del intelecto de los humanos. Está convencido que, si fuera posible aislar la mente del cuerpo, podemos, entonces, aceptar tranquilamente la reproducción magnética de la mente; los programas que la conforman, y su posible reutilización. Esto es aceptando el criterio de que el pensamiento es una forma de procesamiento de la información y que en la computadora no sólo se pueden incluir "conocimientos" sino también los sentimientos humanos. Rucker sueña con un mundo en el que los humanos dejen grabadas sus memorias, ideas y sentimientos en una computadora y, cuando lo deseen, puedan reactivar esa "mente-programa" en un *Ciborg*. Es evidente que, si confiamos en algún tipo de soporte, sea el cerebro, un microprocesador o un compuesto bioelectrónico, siempre estaremos a expensas de su envejecimiento o rotura. En cambio, si la mente se puede extraer de un medio y cambiar de soporte, por supuesto un soporte cada vez más perfeccionado; estaremos, sin dudas, en presencia de la inmortalidad.

Aquí hay cierta confusión. ¿De qué estamos hablando? De un artefacto que se conecta al cerebro y es capaz de extraerle la mente al individuo o de reproducir la mente desarrollando sus programas (programar todos los estados mentales), por supuesto estos programas se irán introduciendo directamente en una computadora, lo que han estado haciendo durante años los investigadores de la IA, sin mucho éxito (al menos, no han cumplido con las expectativas). En este segundo caso estamos hablando de una copia de la mente (codificada en forma de algoritmos) que se ejecutaría en una computadora. En opinión de muchos, no estamos hablando de la mente humana, en todo caso de un sistema inteligente que simula aspectos de la mente. El primer caso sigue, aun, perteneciendo a la ciencia ficción.

No deja de ser sorprendente la defensa de Marvin Minsky de muchas de estas ideas. Minsky quien fuera uno de los fundadores de la IA –por supuesto la fuerte– junto a John McCarthy y líder de los "zarrapastrosos" junto a Schank, desde donde defendía la idea de una IA lo más cerca posible al pensamiento humano y se oponía al formulismo frío de la lógica; resulte ser ahora uno de los paladines de la sustitución del hombre por las máquinas, tal vez esto le venga de su vena de escritor de ciencia ficción.

Minsky quien no puede ocultar su decepción con la inteligencia artificial dice: "La IA está en un estado risible, debido a que podemos hacer que las máquinas hagan el tipo de cosas que hace un "experto", pero aún no podemos lograr que hagan la mayor parte de las cosas que puede hacer un niño de 4 años –decepción que también parece incluir a los seres humanos–. Seguimos ignorando como resolver los conflictos entre las ambiciones individuales y los intereses colectivos –y agrega–. "Somos tan ineptos para tomar decisiones importantes que siempre que podemos dejamos al azar aquello de lo que no estamos seguros".

Y vuelve al ataque cuando dice: Mi teoría favorita es que la comunidad de la IA –excepto unos pocos investigadores como Roger Schank– tiene unos malos casos de "Envidia del Físico". Quiero decir que les da vergüenza poner más de una teoría en cada uno de sus proyectos a causa de que tienen el irrealizable ideal de hallar una explicación simple para todas las cosas. Por lo tanto, nunca llegan a nada.

Precisamente la Cibernética que fuera duramente criticada por Minsky, se basaba en la idea, no sólo de asimilar más de una teoría, sino, también, en la relación interdisciplinaria entre diferentes campos. Es cierto que la IA se mantiene dentro de los preceptos de las ciencias físico-matemáticas, pero que otra cosa puede hacer: ¿retornar a las ideas cibernéticas?, y perder con ello su carácter de ciencia exacta. Lo que Minsky propone y de hecho está haciendo, a su manera, es un retorno a las ideas generales de la Cibernética.

Minsky cree seriamente que hay que "perfeccionar" a los infelices mortales y propone los siguientes pasos:

- Las prótesis de miembros: "Sustituir las partes gastadas de nuestro organismo por elementos de repuesto de nuevo tipo".
- La conexión directa dentro del cerebro: "Invención de métodos que potencien nuestro cerebro permitiendo adquirir mayor sabiduría".
- La conexión completa: "Mediante nanotecnología, sustitución completa".

Y agrega: "inútil es decir que con ello estaremos convirtiéndonos en máquinas. ¿Significa eso que seremos reemplazados por máquinas? No tiene sentido esa distinción, creo como Moravec quien propone que consideremos a las maquinas inteligentes del futuro como a "nuestros propios hijos mentales".

No sé cómo dentro de la ideología de Moravec encaja la posibilidad de lograr hijos mentales, al menos no en el sentido que le daría Rucker de un traspaso de mente. Tampoco creo que encaje dentro de la ideología de Minsky el surgimiento de una inteligencia "emergente" que, si es aceptable para Moravec y Vingen, quienes nunca han estado comprometidos con una IA fuerte

Minsky ya en su vejez, parece darle más importancia a la inmortalidad que al propio sentido ético de lo que propone, de ahí que diga: "Hasta ahora hemos tendido a vernos como producto final de la evolución, pero la evolución no ha cesado. La verdad es que ahora estamos evolucionando más rápidamente, aunque por el lento procedimiento darwinista. Ya es hora de que empecemos a pensar en nuestras nuevas identidades, que están aflorando. Podemos comenzar a diseñar sistemas fundados en un tipo ingenioso de selección innatural, dirigidos al cumplimiento de planes y objetivos específicos y capaces de sacar partido de características adquiridas. Ha hecho falta un siglo de educación evolucionista para proscribir tales ideas –que los biólogos califican de teleológica y lamarckianas–, pero puede que ahora tengamos que cambiar las reglas".

Y agrega: "Estamos en una era primitiva, en la cual las máquinas no tienen perspectiva del futuro, ni "valores familiares básicos". Y sí, tengo que insistir que esta ciencia llevará a la extensión de nuestro lastimoso tiempo de vida".

Minsky se muestra totalmente partidario a la idea de convertirnos en Ciborg a cambio de la inmortalidad, y a diferencia de Rucker parece haber abandonado toda esperanza de una inteligencia artificial fuerte que permita reprogramar la mente en una computadora y parece más inclinado hacia las prótesis como la solución a los problemas.

Nick Bostrom: la amenaza de una superinteligencia artificial
"Superinteligencia artificial ", la obra cumbre de Nick Bostrom
todo un bestseller, se expone la teoría sobre el riesgo que representaría la creación de una superinteligencia para el mundo,
La superinteligencia artificial
A la euforia de una singularidad tecnológica de Kurzweil, se une a la predicción, algo preocupante, de Nick Bostrom sobre una superinteligencia artificial, al afirmar que la superinteligencia será quizás el último invento que la raza humana necesita hacer, ya que esta (luego) se ocupará de la civilización en todos sus aspectos.

La idea de una superinteligencia artificial nace dentro de la singularidad tecnológica, creada por Vinge, quien la define como máquinas superinteligentes y la sustenta sobre la ley de Moore que dice que la capacidad de los microchips de un circuito integrado se duplicará cada año y medio, lo cual traerá un crecimiento exponencial de la potencia del hardware de las computadoras y de mantenerse este crecimiento acelerado conducirá inevitablemente a que las máquinas le den alcance y luego superen la capacidad del cerebro para procesar la información y según un gráfico elaborado por Hans Moravec, la paridad entre el hardware y el cerebro se alcanzará alrededor del 2020 lo cual dará lugar a las máquinas superinteligentes.

Vinge, define una máquina superinteligente como una máquina capaz de superar en mucho todas las actividades intelectuales de cualquier humano independientemente de la inteligencia de éste y está convencido de que esa inteligencia superior será la que impulsará el progreso, el cual será mucho más rápido e incluso superará a la actual evolución natural. Es así que afirma que estaremos entrando en un régimen radicalmente diferente de nuestro pasado humano, y es a este evento al que le da el nombre de singularidad tecnológica.

Por su parte Nick Bostrom define una superinteligencia de la siguiente forma: Tendrá superinteligencia cualquier intelecto que se comporte de manera vastamente superior en comparación con los mejores cerebros humanos en prácticamente todos los aspectos y en especial estos tres:
- Creatividad científica
- Sabiduría en general

Los tres son partidarios del avance de la IA producto de las prestaciones de la máquina: más velocidad de procesamiento, más memoria, mejores periféricos, de ahí que Moravec compare la velocidad de procesamiento del cerebro con la de una máquina y tres son los factores para la superinteligencia artificial: la capacidad de la máquina de procesar información cada vez más rápido y de analizar una mayor cantidad de variantes, la representación del procesamiento de la información en forma de redes neuronales similar a como funciona el cerebro y por último el pensamiento profundo que permite el aprendizaje partiendo del análisis de grandes bases de datos.

Hoy todo el interés se centra en el aprendizaje profundo y en el desarrollo de una IA operativa (basada en datos) de ahí que Bostroom, asuma que el avance de la inteligencia artificial en los últimos años se debe al aprendizaje profundo uno de los modelos de la IA que más impacto está teniendo y afirma que la manera de procesar la información es similar en muchas maneras a como lo hace nuestra mente humana. El pensamiento profundo se usa fundamentalmente en el procesamiento de grandes bases de datos basado, estamos hablando de algoritmos "de fuerza bruta" que son capaces de calcular una mayor cantidad de posibilidades. Aunque muchos no aceptan que la mente humana pueda basar su fortaleza en el cálculo y el análisis de datos, estamos ante el modelo de la IA mas aceptado actualmente

Sin dudas, entre los modelos que utiliza la IA está la IA operativa (basada en datos) que utiliza como técnica a las redes neuronales y al pensamiento profundo, en cambio los sistemas expertos están dentro del modelo simbolista que se basa en la representación de la realidad a través de símbolos mentales. Mientras, el modelo conexionista se basa en la representación de las funciones del cerebro por medio de una red neuronal. Son dos modelos diferentes de la representación de un dominio especifico de aplicación. Para la IA simbólica se asume que es mente y se basa en los conocimientos de un experto, en cambio para la IA conexionista se asume que es el cerebro y sus conexiones (redes neuronales) que permite el procesamiento de grades bases de datos. Hasta la fecha no tiene relación un modelo con el otro, aunque es cierto que se habla de lograr un sistema que combine a ambos modelos. Sin olvidar que existen otros muchos modelos de la IA de gran repercusión.

Bostrom refiriéndose al aprendizaje profundo dice: "La expectación se crea porque parece ser una forma más «general» de estructurar la inteligencia, un tipo de algoritmo que tiene la capacidad general de aprender de los datos, aprender de la experiencia y construir representaciones a partir de un patrón presente en dichos datos que no ha sido explícitamente pre-programado por humanos" y afirma que este nuevo concepto apunta a la Inteligencia General Artificial.

Y es que desde sus inicios, la aspiración de toda inteligencia artificial ha sido convertirse en una inteligencia artificial avanzada (general) ya que la IA avanzada es una IA de propósito general, capaz de resolver cualquier tipo de tarea, las IA desarrolladas hasta el momento son IA específica, solo resuelve un tipo de tarea, incluso el aprendizaje profundo, hasta la fecha, solo resuelve un tipo de tarea, de lo cual Bostron está consciente cuando dice: En algunos casos, estos sistemas de aprendizaje profundo modernos se utilizan específicamente para reconocimiento de imágenes y de voz, pero crea cierta confusión cuando dice: pero muchos otros sistemas empleados por las empresas siguen siendo en su mayoría sistemas expertos en aplicaciones para un propósito específico. Y habla de sistema híbridos.

Actualmente se aspira a lograr una IA (sistema hibrido) que sea capaz de combinar el simbolismo (lógico o semántico), cuya aplicación fueron los sistemas

expertos, con el conexionismo (redes neuronales) que utiliza las técnicas de aprendizaje profundo. Pero estos sistemas híbridos siguen resolviendo una sola tarea (IA especifica). Es la idea de combinar una IA especifica simbólica, basada en la representación de conocimientos por medio de reglas con un IA especifica conexionista, de momento específica, basada en buscar patrones comunes en grandes estructuras de datos por medio del aprendizaje profundo. Tanto la IA simbólica como la IA conexionista siguen trabajando por resolver cualquier tipo de tarea (IA general o avanzada). Otra cosa seria la superinteligencia artificial, pienso que no se puede hablar de superinteligencia artificial hasta que no se haya alcanzado una IA avanzada (general) de cualquier tipo.

Tipos de IA avanzada (de propósito general)
- IA cognitiva, lograr una representación de la realidad tanto simbólica como conexionista para cualquier tarea
- IA operativa, logra una representación por medio de redes neuronales aplicadas a grandes bases de datos y utilizando el aprendizaje profundo.
- IA colectiva, se basa en la interacción de diferentes agentes que al integrarse forman una inteligencia colectiva y son capaces de actuar de forma colaborativa, donde la inteligencia está distribuida y es compartida.
- IA enactiva, es producto de la construcción de la realidad por medio de la interacción con el entorno basado en la actuación del agente que busca la asimilación de la realidad (aprendizaje) de forma activa

En algunas de sus entrevista Bostron le quita importancia a Kurzweil, cuando se habla de una IA poshumana y contrariamente a lo que insinúa Bostrom, Kurzweil es el líder indiscutible de este enfoque de carácter tecno-religioso (el ideal de alcanzar la vida eterna) y es que todo depende del enfoque de la IA, ya que las crisis que ha sufrido la IA, sus altas y bajas, ha sido debido a los desacuerdos entre cada enfoque. Una cosa es el enfoque tecno-religioso, sobre las posibilidades de la IA en el futuro y sobre todo su influencia en la evolución de la humanidad y el surgimiento de una poshumanidad. Y otra cosa son los métodos, teorías, líneas de investigación y técnicas que se utilizan en la inteligencia artificial. Donde Kurzweil no es un investigador de primera línea, en cambio sí es referencia imprescindible sobre las máquinas del futuro, donde Bostrom es otro de sus ideólogos.

Con respecto a la inteligencia artificial, Bostrom se muestra partidario de una IA débil cuando dice: La inteligencia artificial trata principalmente de encontrar formas de hacer que las máquinas resuelvan problemas difíciles. Y luego le resta importancia al modelo conexionista basado en redes neuronales cuando dice: "que la IA se inspire en el cerebro es una decisión más bien táctica" y afirma el objetivo principal no es tratar de replicar la mente humana. Aquí no hace distinción entre cerebro y mente, una cosa es replicar las funciones del cerebro (conexionismo) y otra cosa es representar los estados de la mente (simbolismo). Replicar la mente humana era la idea fundamental en Kurzweil, quien aspira a la poshumanidad, actualmente se transa tanto en reproducir la mente como el cerebro humano y lograr la conciencia como un proceso espontaneo (conciencia trivial), Por su parte Bostrom parece negar la idea de un proyecto poshumano: el sueño de Kurzweil de que la propia IA sea capaz de reconstruir las capacidades y la conciencia humana.

Bostron asume que la Superinteligencia sería una especie de tecnología de propósito general, porque permitiría inventar otras tecnologías, y afirma: Creo que todas esas tecnologías y otras que aún no hemos imaginado podrían ser desarrolladas por máquinas con superinteligencia y probablemente en un período relativamente corto después de su llegada" Bostrom apuesta únicamente por el desarrollo tecnológico e ignora cuantas cosas se pudieran hacer si fuéramos mejores seres humanos, más bondadosas, más solidario, más responsables con nuestro entorno, etc. Sigue pensando en máquinas centradas en la tecnología y aun peor, supedita el desarrollo de las tecnologías al desarrollo de una super IA, ve a la super IA como la desencadenadora de todas las tecnologías.

Los riesgos de una superinteligencia artificial

En nuestro tiempo existe una gran preocupación por que las máquinas ocupen los puestos de trabajo de los humanos, a Bostrom como filosofo tecnológica le preocupa más que los descubrimientos sean realizados por las máquinas y considera que la super IA sería el último invento que realizará la humanidad, por tanto, las investigaciones serán desarrolladas por las super IA y es obvio que las máquinas serían capaces de realizar cualquier tarea y los humanos no tendrán nada que hacer.

Viéndolo desde otra óptica, la inteligencia artificial prestará un servicio a la humanidad, ya desde hoy está sucediendo con Google, Facebook, Amazon, Apple, etc., donde ese servicio que presta la IA será recibido por las personas como usuarios, el problema radica en si los humanos serán usuarios pasivos que esperan que las IA decidan por ellos y por las soluciones de les ofrezcan esas superinteligencias, por lo que dejaran de participar en el desarrollo y los humanos se convertirán en meros consumidores. Podemos aceptar la idea de un humano feliz que ya no tiene que trabajar en el desarrollo tecnocientífico sino en trabajos relacionados con la cultura, el deporte, artesanía, mientras las grandes producciones las realizan las máquinas. No se puede olvidar que el capitalismo nos lleva a una relación cliente-servidor, siempre tiene que haber un consumidor para el cual producir y el propio sistema se encargara (ley del mercado) de que existan usuarios, a no ser que desaparezca el capitalismo y entonces surja un nuevo orden con la participación de los humanos o sin los humanos, de ahí la importancia de las sinergias humanos tecnologías que se están produciendo y saber cuáles favorecen un orden mundial basado en la cooperación entre humanos y máquinas o basado en la competencia o basado en la fusión entre humanos y máquinas o basado en el desarrollo exclusivo de las máquinas.

Para Botsrom, el problema está en la transición hasta la era de la inteligencia artificial a lo que dice: "tenemos que hacerlo bien a la primera porque no creo que tengamos una segunda oportunidad", se refiere a una IA que no esté alineada con nuestros propósitos, y agrega: "no somos demasiado buenos como civilización anticipando problemas difíciles que todavía no nos han causado ningún daño. Debemos movilizar nuestros esfuerzos para hacer que esto funcione desde el principio. Esta es la gran dificultad para nuestra civilización".

Creo que el problema es que son muchos los que están desarrollando la inteligencia artificial: academias, transnacionales, militares, gobiernos, etc. Entonces, ¿podemos hacerlo bien a la primera? Por poner un ejemplo, ¿se pueden poner de acuerdo a gobiernos que están compitiendo por la hegemonía o a grandes empresas que compiten por los mercados? Estamos hablando de una IA alineada con los propósitos de quien. Es bueno recordar que aún no hemos podido desarrollar una IA avanzada de propósito general (multitarea), seguimos trabajando sobre IA específicas y todo indica que de surgir una super IA no será los próximos años y no creo que Bostrom ni Kurzweil, por solo citar dos de los grandes pensadores sobre el futuro, lleguen a verla en vida. Aunque Bostrom ya tiene la solución al problema sobre la transición a la era de la IA, y propone que debemos acercarnos a la revolución de la IA de forma coordinada y dice: "Es el momento de trabajar en un proyecto internacional para desarrollar una superinteligencia segura en el que estén implicados todos los actores que puedan aportar algo". Aquí me surge una duda. ¿Por qué tiene que ser un proyecto elitista, donde no todos pueden participar de forma abierta? Para algo están las redes sociales, ya es hora de romper el esquema académico de que solo unos pocos pueden aportar.

Con respecto al proyecto internacional, Bostrom considera que la solución al problema de la transición a la era de la IA, consiste fundamentalmente en destinar recursos para desarrollar métodos de control que sean escalables, y vuelve sobre la idea de alinearla con los valores humanos. Se está hablando de recursos para desarrollar métodos de control vitalicios, que sigan controlando a la inteligencia artificial (IA) aunque siga haciéndose más y más inteligente. Pero existe una contradicción si la IA se hace más inteligente que los humanos ¿No encontrará formas de burlar ese control? Además, estamos hablando de máquinas que serán capaces de auto programarse y de construir otras máquinas inteligentes. ¿Aceptaran las máquinas ser controladas por los humanos, para que estén alineadas con los humanos, y más aún cuando descubran que los humanos no están alineados entre sí?

Lo anterior nos lleva a como introducir los valores humanos en una máquina. Reproduzco textualmente como piensa Bostrom que se debe hacer: "Tenemos que definir los objetivos que queremos incorporar al sistema de IA para que interpreten estos valores como nos gustaría que fueran interpretados, y la manera de hacerlo es con el aprendizaje automático. No podemos especificar en un lenguaje informático lo que entendemos por justicia, placer o amor porque son conceptos muy complejos. En cambio, si programamos al sistema para que aprenda, podrá mejorar su comprensión de lo que quieren decir nuestras palabras en un sentido más profundo".

Bostrom habla de los objetivos que queremos incorporar al sistema, se habla de aprendizaje automático para que las máquinas aprendan lo que queremos que hagan. Estamos hablando de una IA que aprenda los valore humanos en un mundo basado en las ganancias. Hoy las IA están surgiendo dentro de las transnacionales por lo que estará orientada al mercado y los humanos no pasan de ser sus usuarios y su objetivo será como venderle nuevos productos

Con respecto a los riesgos de una IA, Nick Bosrtron considera dos clases de amenazas:

- Por problemas en la alineación de objetivos
- Que los humanos usen esta poderosa tecnología de forma maliciosa e irresponsable

En el primer caso Bostrom dice: "se está creando algo que sería muy inteligentes y que podría ser también muy poderoso, si no sismos capaces de saber cómo controlarlo, podría surgir un sistema superinteligente que daría prioridad a alcanzar sus propios valores en detrimentos de los nuestros". ¿Y no podrían ser los valores de una super IA mejores que el de los humanos?

En el segundo, le preocupa que sea utilizada no solo para ayudarnos a ser más productivos sino también, para librar guerras u oprimirnos unos a otros. Y es que Históricamente una parte de la humanidad se ha beneficiado en detrimento de la otra parte, mientras una parte se hace rica y poderosa otra se hace pobre y a nadie le importa la miseria en que viven. Lo lógico dado nuestro sistema es que si las máquinas son más inteligentes que los humanos terminaran haciéndose poderosas y gobernaran a los humanos. Lo que nos conduce a que no solo hay que construir una IA que sea beneficiosa y que este alineada a los objetivos humanos sino también formar humanos responsables que respondan a objetivos superiores como la solidaridad, el altruismo, el amor, etc.)

En realidad, el problema consiste en ¿Quién controla a los humanos? Seguimos ignorando que los problemas son creados por los humanos y mantenemos la misma actitud que cuando fueron creados y asumimos que con las tecnologías se pueden resolver. Por lo que la futura superinteligencia artificial solo tendrá dos opciones: o combate a los efectos y de acuerdo a su interpretación, tratarán de disminuirlos (o de aumentarlos), o combate la causa y destruye a la humanidad. Y ese es el verdadero problema¿Qué pasará cuando las máquinas superinteligentes, descubran que el problema es la propia humanidad? Una solución es reprogramar a los humanos a imagen y semejanza de las supermáquinas, otra sacar del juego a los humanos y convertirlo en mascotas o en reliquias y la última (la más fácil) eliminar a la raza humana.

<u>Kevin Warwick, el primer *Ciborg*</u>
Se puede pensar que está lejano el día en que veamos a un *Ciborg*, no es así, el profesor de Cibernética en la Universidad de Reading, en Inglaterra. Kevin Warwick, ya es conocido como el primer *Ciborg*.
En 1998, Warwick, causó revuelo cuando un microchip en su brazo que le permitía anunciar su presencia a la computadora.
En 2002, se implantó un aparato mucho más pequeño y sofisticado. Durante tres meses, sus 100 electrodos estuvieron conectados a su nervio mediano, uniendo su sistema nervioso a una computadora. A lo que Warwick declaró: "Cuando hice mi experimento en Nueva York, que consistía en controlar desde allí, con mi sistema nervioso conectado directamente a Internet para controlar una mano en el Reino Unido, en otro continente, eso demuestra que el cuerpo no es sólo esto, lo que ves ahora, sino cualquier cosa que puedas conectarte mediante cables. Es un concepto muy diferente. Es como ser un Superman, en cierta manera ".
Un poco después, experimentó un rudimentario intercambio de señales entre su cerebro y el de su esposa equipada de un electrodo implantado en un nervio y considera que esto es un primer intento hacia una comunicación a través del cerebro, su próximo paso. Porque el capitán *Ciborg,* como algunos le llaman, se ha tomado muy en serio la idea de convertirse en *Ciborg* y se ha propuesto almacenar los pensamientos. Warwick tiene pensado implantarse un elemento en su cerebro que podría terminar permitiendo enviar mensajes telemáticos o incluso grabar nuestras experiencias en la mente y tener acceso a los recuerdos cuando queramos.
Como los demás transhumanistas, considera que el potencial de los humanos está muy limitado y que la posibilidad de convertirse en *Ciborg* es algo muy excitante y no puede esperar, por lo que ya, desde hoy, se está convirtiendo en un *Ciborg*.
Es preocupante la influencia que está teniendo sobre sus alumnos (muchos de ellos quieren ser *Ciborg*), teniendo en cuenta su enfoque del futuro que considera que los humanos y las máquinas competirán por el dominio del planeta y que la única solución es la fusión entre humanos y tecnología, y siendo, como es, un vivo ejemplo de esa fusión; podemos estar convencidos que su impacto será mucho mayor de lo esperado.
También considera a los humanos como seres inferiores y que la única opción es la fusión con las máquinas, pero da la impresión que los humanos tienen muy poco que aportar a dicha unión, cuando afirma: "Las máquinas son superiores porque tienen, al menos, cinco cualidades de las que carecemos":
- Una capacidad de cálculo extraordinaria,
- La posibilidad de comprender más de tres dimensiones
- Más de cinco sentidos –pueden captar ultrasonidos o emitir infrarrojos–
- Finalmente, pueden comunicarse sin hablar.

Típico del razonamiento transhumanista que ignora el verdadero potencial de la mente humana y lo reduce a las posibilidades de las máquinas.

Warwick desde hoy se abroga el derecho de decidir el futuro de las próximas generaciones cuando afirma: "A todos los que queráis seguir siendo humanos, tengo que deciros una cosa: en el futuro, seréis una subespecie".

Las profecías de Ray Kurzweil

Tratamiento aparte merece Ray Kurzweil, quien con su libro: "La era de las máquinas espirituales" ha conmocionado al mundo científico con sus profecías. Y que ha diferencias de los otros que eran científicos teóricos o experimentales (quiero decir que no desarrollan aplicaciones prácticas o comerciales) y en muchos casos escritores de ciencia ficción. Kurzweil es un científico eminentemente práctico y ha sido el creador de algunos ingenios como el Reconocimiento Óptico de Caracteres (OCR; el actual programa "TextBridge" de Xerox está basado en su patente), dispositivos para interfaces informáticas dirigidas a ciegos y sordos, así como programas de composición musical como el Kurzweil250. Además de haber recibido ocho doctorados honoris causa, el puesto de asesor de dos presidentes y el galardón al Mejor Inventor del Año (Best Inventor Award, 1988),

El reduccionismo siempre estará en la mente de todo científico, Kurzweil toma la idea de la ingeniería inversa y la aplica a los procesos de la mente. Y dice: Un ordenador es más rápido que el cerebro humano en algunas cosas, pero lo difícil es que tenga la riqueza, sutileza y profundidad de nuestro pensamiento. Para lograrlo será clave el software de la inteligencia, basado en la ingeniería inversa, que copia el funcionamiento del cerebro humano. Nuestros circuitos cerebrales son tridimensionales y se basan en unas complejísimas conexiones. Escaneando el cerebro podremos crear una réplica, y usando circuitos artificiales tridimensionales de nanotubos (tubos microscópicos) podremos imitar su funcionamiento y crear una inteligencia artificial avanzada. El profesor norteamericano Andreas Nowatzyk ya trabaja en un proyecto para copiar el cerebro de un ratón. Es un primer paso para lo que vendrá luego.

Kurzweil define a la singularidad como la creación de una inteligencia no biológica que va a igualar el alcance y la sutileza de la inteligencia humana y luego la va a sobrepasar, debido a la aceleración continua de las tecnologías de la información y a que tendrá acceso a su propio diseño y será capaz de mejorarse a sí misma en un ciclo de rediseño cada vez más rápido por lo que llegaremos a un punto donde el progreso tecnológico será tan rápido que la inteligencia humana "no mejorada" será incapaz de seguirlo lo cual marcará el advenimiento de la singularidad.

La idea de una singularidad la toma de Vernor Vinge, pero a diferencia de este que mostraba preocupación por su surgimiento, Kurzweil le profesa una fe que roza el fanatismo. En cambio, Vinge, reconoce que la singularidad podría ser un peligro, cuando dice: "Quizá los gobiernos del mundo decidan que la posibilidad es tan peligrosa que la investigación que lleva a la singularidad será prohibida. Lamentablemente, el problema de la proliferación de armas nucleares ya ha demostrado la fragilidad de esta esperanza. Aunque todos los gobiernos del mundo entendieran la "amenaza" y la temieran, el avance hacia el objetivo seguiría" ... "De hecho, la ventaja competitiva –económica, militar e incluso artística– de todo avance en la automatización es tan atractiva que aprobar leyes que prohíben estas cosas básicamente garantiza que otros las conseguirán antes. Si la singularidad tecnológica puede producirse, lo hará"

Para Ray Kurzweil las computadoras han duplicado tanto su velocidad como su complejidad (lo que en realidad significa la cuadruplicación de su capacidad) cada veinticuatro meses desde el comienzo de los artilugios de cálculo, en los inicios de este siglo. Esta tendencia continuará y, alrededor del 2020, los ordenadores alcanzarán la capacidad de memoria y la velocidad de cálculo del cerebro humano.

También es el que más resalta las posibilidades de la tecnología y repite junto a Vingen que él no ve límites al desarrollo tecnológico. La tecnología supone una ruptura con la lenta evolución biológica y la entrada en un proceso más rápido. Y dice: "Muchos científicos tienen una perspectiva lineal y ven el futuro como un calco retocado del pasado. Eso es un error. Estamos en una fase de crecimiento exponencial en la que confluyen la informática, la biotecnología, la física cuántica, la nanotecnología... Este siglo será equivalente a 20.000 años de desarrollo lineal".

Kurzweil considera que no se debe catalogar el desarrollo de las computadoras con el estado actual de la PC y afirma: "La tecnología informática la situación dista mucho de ser estática. Hoy están haciendo su aparición ordenadores con una capacidad que hace veinte o treinta años se consideraba imposible y no se puede olvidar que, en 1997, un ordenador superó a Kasparov, al menos en ajedrez. Se hicieron entonces muchos comentarios sobre que existían comportamientos humanos mucho más difíciles de imitar que el luego del ajedrez. Es verdad. En muchos campos -por ejemplo, el de escribir un libro sobre ordenadores-, la capacidad de los ordenadores es aún ínfima. Pero como los ordenadores continúen adquiriendo capacidad a una velocidad de tasa exponencial, nos ocurrirá en esos otros campos lo mismo que a Kasparov con el ajedrez".

Al igual que Minsky está inconforme con su cerebro y considera que las neuronas, aunque son creaciones maravillosas; ellos, no las habrían construido tal como son, pues gran parte de su complejidad se dedica a mantener sus propios procesos vitales, en lugar de su capacidad para manejar información. Y coincide, con los otros cibernéticos punks, que las neuronas son extremadamente lentas; los circuitos electrónicos son por lo menos un millón de veces más rápidos.

También se muestra inconforme con su cuerpo a lo que dice: "La inteligencia es la capacidad de resolver problemas con la ayuda de recursos limitados, incluido el tiempo. Los problemas que debemos resolver suelen estar relacionados con nuestro cuerpo: protegerlo, alimentarlo, vestirlo, satisfacer sus necesidades y deseos. Dedicamos gran parte de nuestro pensamiento a nuestro cuerpo: una inteligencia humana carente de cuerpo se deprimiría enseguida".

A lo que agrega: "Gracias a la nanotecnología, podremos colocar minúsculos robots en el cerebro para mejorar su capacidad. Construiremos entidades no biológicas con copias del cerebro humano y tendremos personas con miles de robots microscópicos en el cerebro, lo que aumentará su habilidad para pensar y para vivir en una realidad virtual. Y aspira en que el 2030 se puedan enviar al cerebro humano billones de nanobots que permitirán comunicar sin cables con decenas de millones de puntos distintos del cerebro. De este modo podremos combinar nuestra inteligencia biológica con la no biológica. Acabaremos viendo entes totalmente no biológicos, con copias de cerebros humanos derivadas de la ingeniería inversa y seres humanos biológicos cuya inteligencia habrá sido mejorada gracias a los billones de nanobots que tendrán en el cerebro y que también podrán existir en la realidad virtual. Llegados a ese punto, ya no podremos distinguir entre humanos y máquinas".

Kurzweil que es el más tecnólogo de todos, pone gran énfasis en la nanotecnología y a diferencia de Minsky que no la cree viable hasta dentro de 100 años, él considera en llegar en el 2020. Considera que la aplicación clave de la nanotecnología, dentro de 20 años, serán los nanorobots o nanobots. Dentro de nuestros cuerpos y cerebros, los nanobots nos permitirán alargar la vida destruyendo las células patógenas y de cáncer, reparando los errores del ADN, destruyendo toxinas y desechos, y revirtiendo el proceso de envejecimiento. Los nanobots son robots basados en la informática lo suficientemente pequeños para viajar por nuestro sistema circulatorio.

También aspira a que la nanotecnología nos lleve más allá de los límites de la biología para mejorar nuestras capacidades físicas y mentales por factores de muchos miles e incluso millones y que finalmente reemplazaremos nuestros frágiles cuerpos "versión 1.0" por una versión 2.0 tremendamente mejorada.

Entre sus numerosas importantes predicciones se encuentran escáner el cerebro para luego instalarlo en otro medio no biológico, así como lograr la inmersión total virtual. Y cree que los entornos de realidad virtual integrarán todos los sentidos y a la vez serán capaces de mejorar la inteligencia; se podrá pensar más rápido, tener pensamientos más complejos y telecargar el conocimiento, y sueña con que estos entornos de realidad virtual entre el 2030 y el 2040 compitan con los entornos reales y, según él, los entes no biológicos podrán tener cuerpos parecidos a los humanos y además, gracias a la nanotecnología, también podrán tenerlos en la realidad.

De igual manera, Kurzweil, considera que la humanidad no es el fin de la evolución sino el principio de una nueva evolución que surgirá producto de una nueva forma de inteligencia que superará a la humana, lo cual será el acontecimiento más importante en la historia humana. Con profundas implicaciones en todos los aspectos del quehacer humano, incluso en la naturaleza del trabajo, el aprendizaje humano, el gobierno, la guerra, las artes y el concepto de nosotros mismos... Lo que constituye la próxima etapa de la evolución a través de la fusión entre la humanidad y la tecnología.

Y dice: "Se ha visto la evolución como un drama de mil millones de años que condujo inexorablemente a su creación más grandiosa: la inteligencia humana. El surgimiento, a principios del siglo XXI, de una nueva forma de inteligencia en la Tierra que compita con la inteligencia humana y finalmente la supere significativamente, será un acontecimiento más importante que cualquiera de los que han dado forma a la historia humana. No será menos importante que la creación de la inteligencia que la creó, y tendrá profundas implicaciones en todos los aspectos del quehacer humano, incluso en la naturaleza del trabajo, el aprendizaje humano, el gobierno, la guerra, las artes y el concepto de nosotros mismos... Lo que estamos discutiendo constituye en mi opinión la próxima etapa de la evolución a través de la fusión entre la humanidad y la tecnología".

Y es categórico cuando afirma: los que decidan seguir siendo humanos, no tendrán ninguna posibilidad ante las nuevas entidades. Y agrega: "Una legislación eficaz protege a los *Mosh*, seres humanos (con neuronas de carbono), desprovistos de implantes neuronales. Dichos humanos primitivos son incapaces de participar plenamente en diálogos y procesos entre humanos implantados, humanos mejorados". Se subestima la capacidad de los humanos y su potencial creador.

Kurzweil basa sus ideas sobre el futuro en las siguientes tres leyes:

Ley del Tiempo y el Caos: en un proceso, el intervalo de tiempo entre fenómenos se expande o contrae proporcionalmente a la cantidad de caos existente. Esto quiere decir que los eventos relevantes crecen a medida que aumenta el orden, o en al contrario, disminuyen a medida que aumenta el caos.

Ley del Incremento de Caos: mientras que el caos aumenta exponencialmente, el Tiempo se ralentiza exponencialmente. Esto es, el intervalo temporal entre fenómenos es cada vez más amplio...

Ley de los Retornos Acelerados: a medida que el orden se incrementa exponencialmente, el tiempo se acelera exponencialmente. Es decir, el intervalo entre fenómenos se acorta a medida que el tiempo transcurre. La ley de Moore que dice que la capacidad de procesamiento de las computadoras alcanza el doble de su capacidad cada dos años sería un ejemplo más de esta tendencia.

De estas 3 leyes Kurzweil saca las siguientes conclusiones: Un proceso de evolución (la vida, o la inteligencia, supongamos) no es un sistema cerrado. Luego en un proceso evolutivo no se cumple la segunda Ley de la Termodinámica, y por tanto es capaz de crear su propio orden creciente. En un proceso evolutivo, el orden se incrementa exponencialmente. Por tanto: según la Ley del Tiempo y el Caos, el tiempo se acelera exponencialmente. Por tanto: los retornos, (productos valiosos del proceso), se aceleran. Conclusión final: la evolución cósmica (Universo: sistema cerrado) se ralentiza. La evolución tecnológica (sistema abierto): se acelera. Por lo que la evolución está sometida a velocidades exponenciales, a una aceleración progresiva que nos traerá en un futuro próximo las denominadas *máquinas conscientes.*

Para los tecno-utópicos solo la tecnología puede salvar a la humanidad a lo que surge la pregunta: ¿Puede la tecnología por si sola resolver todos los problemas? ¿Se puede obviar la importancia de la sociedad y sus estructuras actuales sustentadas sobre la hegemonía, la competencia y la ambición de poder que está presente en la naturaleza humana? Cuando analizamos el lenguaje que ellos utilizan, nos damos cuenta. Cómo las consideraciones sociales están presentes en las decisiones tecnológicas y como, las mismas, son consecuencias de muchas de las decisiones futuras; a pesar de sus intentos de querer basarse únicamente en la tecnología como remedio a todos los males

Leyendo las opiniones de los principales líderes del ideario transhumanista, no parece que la justicia social sea una prioridad, donde todas las opciones la tienen los pudientes y peor aún, según estas ideas, el ser humano no tiene elección o se convierte al transhumanismo o pasa a ser una subespecie incapaz de mantenerse por sí misma. Lo que nos lleva a una dependencia total de las tecnologías en aras de progreso humano subordinado a las tecnologías. Es necesario aprender desde hoy a manejarnos con las tecnologías del futuro: con el impacto de las tecnologías convergentes (NBIC), de las inteligencias artificiales, hay que estar preparados para enfrentar una ideología transhumanista que propone el paraíso en la tierra, saber que no basta con prohibir tal o cual investigación hay que buscar alternativas viables al desarrollo humano, un desarrollo que en cooperación con la tecnología busque potencial el crecimiento espiritual.

Como alternativa a la singularidad se propone una superestructura tecnológica sostenible que persigue al humano pleno que por medio de una evolución trascendente alcance un futuro sostenible (superinteligencia colectiva). Donde el progreso se integra de forma colaborativa al progreso humano dando lugar a una superestructura social colaborativa dentro del concepto de sistemas cooperativos formado por IA débiles que se conectan y colaboran con la inteligencia humana y forman una consciencia social.

El ciberespacio

El ciberespacio es una visualización completamente especializada de toda la información en los sistemas de procesamiento de información globales, a lo largo de senderos proporcionados por las redes presentes y futuras de comunicación que posibilita la plena co-presencia e interacción de múltiples usuarios y la entrada y salida del y al sensorio humana completo, que permite simulaciones de realidades reales y virtuales, la colección y control de información remota a través de la telepresencia y la integración e intercomunicación total con una gama plena de productos y entornos inteligentes del espacio real.

Un hecho que está produciendo en nuestro siglo y que todo indica que el próximo se hará realidad, es que, mientras el hombre tiende a introducirse en el mundo artificial (a través de la realidad virtual) la maquina tiende a introducirse en el mundo real (por medio de los robots). Y a la vez que la tecnología se vuelve cada vez más natural, la naturaleza se hace más artificial.

Espacios de trabajo virtuales:

Para muchos, la llegada de los espacios de trabajos virtuales, tanto corporativos como personal, tendrá como consecuencia un nuevo esquema de clasificación para las corporaciones. Un grupo incluirá a aquellas corporaciones cuyos bienes y servicios primarios estén basados en la realidad física. Estas proporcionaran, por ejemplo, manufacturas, servicios médicos, transporte, construcción, agricultura. El otro grupo incluirá a las corporaciones cuyas ofertas en el mercado estén basadas en el ciberespacio. Estas empresas basadas en la realidad virtual son las que proporcionaran, por ejemplo, educación y entrenamiento, software, comunicación, publicidad y servicios financieros. Como resultado de esto los principios económicos de la producción y distribución material bajo formas clásicas –principio de propiedad, riqueza, mercados, capital, mano de obra– ya no son suficientes para describir o guiar nuestra moderna y compleja "sociedad de la información".

La Realidad Virtual (RV) puede llevar a los humanos a alcanzar el paraíso perdido. El hombre puede renunciar a la vida "en sociedad" para vivir su vida en una "comunidad virtual". La sociedad va camino a la evasión de la realidad o a su sustitución total. Los humanos podrían vivir encerrados en sus casas creando mundos virtuales (solipsismo). Desencantados con este mundo se dedicarán a la creación de sus propios mundos virtuales en los cuales podrán sumergirse (y habitar en ellos casi todo el tiempo), llegando a olvidarse del mundo, el real, el cual, mientras tanto, podría ser controlado por las máquinas.

Ciberespacio y ciencia ficción:

Según Tim MacFadden la idea del ciberespacio tal como se concibe en la ciencia ficción plantea la aceptación de los siguientes paradigmas:

El Modelo de la Ciencia de la Información.

Este modelo esta a menudo implícito y se deriva de los llamados al reduccionismo y de una IA fuerte.

Afirma que podemos representar al mundo correctamente como información. Esto es necesario para que la experiencia y la conciencia humana puedan ser distribuidas a través del hardware.

¿Puede la materia prima del ciberespacio estar intelectualmente desligada de nuestro mundo y puede ser trasmitida al ciberespacio por medio de un cable de fibra óptica?

Si aceptaremos esta idea compartida no solo por Rucker y MacFadden, sino por otros muchos escritores de ciencia ficción, sería posible separar la mente humana del cuerpo a través de un programa este no solo puede ser incluido en una computadora (inteligencia artificial) o dentro de un robot, sino también que se puede incluir dentro de un espacio virtual donde, también, estarían habitando otras mentes (ciberespacio). Por lo que una IA fuerte podría ser activada tanto en el mundo real, o en un programa mente-cuerpo que estaría insertado en el ciberespacio y actuaría de acuerdo a sus leyes.

Y llevando al tope a la fantasía podríamos sacar "copia" de la persona amada ya sea una réplica biológica o bioelectrónica o verdadera copia, producto de la desintegración del cuerpo humano (materia) en una computadora y su copia, su re-integración o duplicado, que no sería la transportación de un lugar para otro - tal como descomponer y componer la materia-, sino la duplicación de la materia.

Otro fenómeno que puede traer la realidad virtual (en términos generales: ciberespacio) sería la conversión de los humanos a *Ciborg*: el ser un humano en su afán de lograr una conexión más profunda con la máquina, en lugar de usar cascos, guantes, etc., decida llevar a cabo conexiones directas sobre su cerebro, los adictos a la realidad virtual podrían llegar a un estado tal de dependencia con la máquina, que de forma secreta, si es que la sociedad tiene el sentido común de prohibirlo, se implanten chips en su cerebro para que la conexión con la computadora sea absoluta. Esta práctica podría llevar a una proliferación del uso indiscriminado de prótesis cerebrales que haga imposible todo control, lo que sería otra vía para la transformación paulatina de los humanos en *Ciborg*.

La ideología de los cibernéticos punks, aunque exagerada, como todo grito punk, no puede ser ignorada, sobre todo por su fuerza como metáfora sugestiva que puede generar promesas y soluciones que nada tienen que ver con nuestra condición humana. Y para los que ven en esto solo una fantasía, les diré que ya el gobierno japonés ha presentado un reporte donde se discute cuáles serán los mayores impactos de la tecnología en la sociedad futura. Este informe predice que, en el futuro, el problema más significativo será determinar qué es un humano y qué es una máquina.

Cibernéticos Zen

A los que creen que la máquina sustituirá al hombre o que el hombre se convertirá en máquina (cibernéticos punk) se le opone otro grupo que desde "adentro", son conocedores de la computación, atacan las bases de la ideología cibernética y ven con cierto recelo la sobreestimación de las máquinas a expensa de la devaluación de la especie humana, aunque algunos piensen lo contrario: que son ellos quienes sobrevaluan las cualidades humanas y le niegan toda posibilidad a la máquina.

El físico Roger Penrose piensa que el problema no radica en las capacidades de las nuevas generaciones de computadoras, sino en que estas "nunca serán capaces de lograr la comprensión, inteligencia o discernimiento auténticos".

John Searle, Considera que los estados mentales sólo pueden ser producidos por un sistema vivo y son una función de las propiedades bioquímicas del cerebro. Y define estados mentales, como un componente de la inteligencia. Estos estados mentales se identifican con el concepto de mente, y la mente está físicamente constituida por un substrato biológico, una corporalidad. Y afirma que los computadores no pueden más que poseer un substrato electrónico, por lo que no pueden tener estados mentales. Por lo tanto, no es justificable asignarles el término inteligencia. Este abordaje hunde sus raíces en la teoría cartesiana de la relación entre mente y materia. Aún si un computador pudiese simular el funcionamiento de la mente humana, es tan solo una simulación, no una mente real. Puede servir como modelo para un estudio heurístico de la mente, pero no manifiesta verdaderos estados mentales, como ya hemos visto anteriormente, Searle ilustra su teoría con el argumento del cuarto chino, según el cual las computadoras son tan solo sistemas formales no interpretativos, sintaxis sin semántica, que no tienen consciencia del significado de la información que están manejando. Estos símbolos están cargados de sentido para nosotros, pero no tienen significados intrínsecos para el computador.

Una idea similar fue expresada por el propio Minsky en su época de "zarrapastroso" cuando en su crítica a los "pulcros" sostenía junto a Schank, que la estrategia correcta consistía en descubrir y modelizar cómo se comporta la gente y afirmaba que la manera que la gente tiene de pensar tiene poco que ver con la lógica la cual al igual que la matemática es todo forma y nada contenido y creía que la sintaxis era prácticamente inútil para todo.

Pienso que casi todos los cibernéticos con posiciones humanistas han recibido una gran influencia de Minsky como investigador a pesar de las incongruencias en sus conclusiones ideológicas, más bien yo diría: cuando se deja arrastrar por el pensamiento vigente en la ciencia ficción.

Hubert Dreyfus, tal vez el más humanista de todos dice: "Nuestra inteligencia no solo consiste en lo que sabemos sino también en lo que somos; el funcionamiento de los ordenadores es secuencial y el proceso del pensamiento es continuo; por lo que no podemos comunicarnos con ellos porque no comparten nuestro contexto".

Y sostiene, desde un punto de vista filosófico fenomenológico, que las características esenciales de la experiencia humana no pueden ser captadas por modelos formales del tipo de la IA, porque se arraigan en la experiencia corporal y en tradiciones sociales sin expresión verbal.

Terry Winograd, uno de los grandes de la Inteligencia Artificial, quien fuera conocido por su programa SHRDLU que era capaz no sólo de realizar operaciones complejas en los llamados mundos de bloques, sino también de dar respuesta del porqué de su conducta en lenguaje natural. Para los neófitos, los mundos de bloque, eran mundos simplificados (hoy se les llama despectivamente mundos de juguetes), donde se trataba de poner a prueba la inteligencia de los programas y sacar conclusiones sobre el aprendizaje, el lenguaje hablado o natural, las formas del razonamiento, etc. Y SHRDLU a finales de los años 60 fue todo un acontecimiento, sobre todo por su manejo del lenguaje natural que lo convirtió en un paradigma de la IA.

Winograd cree que la concepción de la mente humana que se esconde tras las teorías sobre la IA es "vacía e inapropiada". En su opinión el problema no radica en "el desarrollo insuficiente de la tecnología" sino "en lo inadecuado de sus principios básicos". Afirma que no hay razones para pensar que nos hallamos más cerca de la esencia de la IA de lo que los alquimistas se hallaban de la física nuclear.

Según Winograd, "el concepto de sistema simbólico, en si, es propiamente lingüístico y lo que los investigadores desarrollan en sus programas es en realidad un modelo de argumento verbal, y no del funcionamiento del cerebro". En su opinión será preciso llegar a un entendimiento más profundo de lo que es la inteligencia antes de que una máquina pueda tener creatividad, capacidad de reflexión y de juicio o incluso sentido común.

Para los que consideran a Winograd como una especie de "desertor" de los dogmas de la Inteligencia Artificial, les recuerdo que Minsky en los años 70 había llegado a la conclusión, de que a las computadoras nunca podrá llamárseles con propiedad "inteligentes" hasta que, de hecho, aprendan a aprender.

Una de las mayores críticas a la Inteligencia Artificial está en la afirmación de que las máquinas carecen de intencionalidad, veamos al respecto el argumento de L. Suchman, quien cree que existe una diferencia esencial entre acción intencional y acción planeada, y denuncia que tanto en el cognitivismo como en la IA se produce una confusión crítica entre ambas ideas. Desde la perspectiva cognitiva, entender el comportamiento significa descubrir el plan subyacente a cada acción, la lógica interna que guía cada acto de conducta. Es decir, la programación supone la definición de fines, elección de medios y consecuencia de objetivos. Sin embargo, el comportamiento humano es esencialmente impreciso, abierto e indeterminado. Es cierto, que el cognitivismo acepta la vaguedad e indeterminación en el comportamiento humano, pero contempla estas características como un defecto que debe ser superado aumentando la precisión de la definición del plan. En otras palabras, el comportamiento es intencional, pero eso no significa que sea de facto un comportamiento planificado, ni tampoco que idealmente deba ser así. Por ello, una descripción de dicho comportamiento en forma de reglas y algoritmos, como es el caso de la IA, no puede dar razón de su carácter intencional.

El español Javier Bustamante en su magnífico libro "Sociedad informatizada: ¿sociedad deshumanizada?", dice: "Las investigaciones de la IA están relacionadas con la necesidad de conocernos tan profundamente y en detalle como sea posible. Aunque algunas veces este impulso está promovido por aquellos que ostentan el poder de organizar la sociedad definiendo quien es humano y quien no, quien tiene el derecho a la condición de ciudadano y quién no. Cada modelo, cada metáfora de lo que somos nos fuerza a reenfocar la imagen que tenemos de nosotros mismos, hasta el punto de que aquellos que tienen el poder para definir lo que significa ser humano (según las épocas: filósofos, religiosos, políticos o científicos) tienen también la posibilidad de reconsiderar nuestro lugar en el mundo, nuestras capacidades y limitaciones".

Y agrega: "La forma en que se construye el argumento a favor o en contra de la Inteligencia Artificial se asienta sobre las definiciones de estos conceptos básicos: actividad mental, intuición, inteligencia, intencionalidad. Sólo cuando en el contexto de un discurso que considere que toda mente tiene que tener un substrato humano cambie y hable de inteligencia no circunscrita a lo humano, se crean las condiciones necesarias para alumbrar una nueva metáfora de la inteligencia que descubre raciocinio en la computadora. Estas condicionantes del proceso de construcción de la metáfora computacional como metáfora de identidad se suman a las condicionantes mitológicas, históricas, sociales y políticas que hacen del computador la más poderosa metáfora de organización y control".

Bustamante quien tiene una visión profunda de la dialéctica de las metáforas dice: "La metáfora de la IA no es seguramente el modelo definitivo de la mente. No tardará en llegar el día en que sea reemplazado por alguna otra basada en tecnologías que hoy ni siquiera podemos imaginar. Estas metáforas intentarán demostrar que esas futuras tecnologías no son alienantes, porque nos hablan de nosotros mismos, porque esencialmente ellas y nosotros formamos parte de o somos una misma realidad, y el círculo también se completa aplicando la metáfora biológica al diseño de nuevas formas tecnológicas. Pero para que todo esto sea posible, la vida o la sociedad o la inteligencia tienen que ser previamente definidas de forma reduccionista como un conjunto de procesos de información. Esta circularidad es una de las características de esta metáfora: no solo ofrece un modelo con el cual explicar su objeto, sino que además construye los términos en que dicho objeto se define".

Para terminar con los cibernéticos humanistas o zen, escogí a Joseph Weizenbaum, al igual que Winograd es uno de los grandes de la IA. Como paradoja Wizenbaum desarrollo uno de los sistemas más espectaculares dentro de la IA, el programa Eliza que si bien era un programa cuyo objetivo era la comprensión del lenguaje natural, su fama la obtuvo por la simulación que hacía a la forma de entrevistarse con un psicoanalista, lo cual dio a lugar a que muchas personas se sintieran estimuladas a contarle sus problemas personales a la computadora como si fuese su psicoanalista.

Weizenbaum es mucho más categórico que Winograd o quizás se sienta menos comprometido con la ideología de la IA, cuando afirma: "Las computadoras y los hombres no son especies del mismo género y por lo tanto supone una precipitada antropomorfización de la computadora la que hacen los partidarios de la IA cuando preguntan cuanta inteligencia es posible otorgarle a un ordenador".

Y señala algunas de las consecuencias de aceptar demasiado rápidamente la metáfora de la computadora como descripción adecuada de nosotros mismos y de nuestras instituciones sociales. En esta aceptación se corre el riesgo de ceder cualidades esencialmente humanas: Dignidad, amor, confianza, entre otras ideas, a artefactos que no las merecen. Y se pregunta, si de alguna manera no somos ya esclavos de la computadora, no de la computadora real sino de la computadora-metáfora.

Weizenbaum más que un científico es un humanista por eso su preocupación se sale del marco estrecho de la ideología científica y de su racionalismo instrumental al cual ataca cuando dice: "La victoria del racionalismo, nos ha llevado a una ignorancia todavía mayor a la que hemos ganado en un nuevo conformismo que nos permite decir todo cuanto puede ser dicho en los lenguajes funcionales de la razón instrumental, pero que nos prohíbe hacer mención de lo que yo mismo llamo la verdad viva". O en este otro párrafo: "Se despoja a la ciencia de la posibilidad de ser guiada por estándares auténticamente humanos, mientras que de ningún modo restringe el potencial de la ciencia para proporcionar al hombre fuerzas en constante aumento".

Tampoco deja de ser interesante su atinada observación sobre la psicología: "La Psicología ha tratado desde hace mucho tiempo de hacerse "científica", imitando a esa triunfal ciencia llamada física. Los psicólogos, sin embargo, parecieron no entender bien durante mucho tiempo que era, en realidad, lo que hacía que la física fuese, de alguna manera, más ciencia que la psicología. Al igual que la sociología, tomo la más superficial de la física (su aparente preocupación por los números y las fórmulas matemáticas) como la esencia que hace de ella una ciencia...".

Pero Weizenbaun pone el dedo en la ya cuando advierte: "Sólo podremos limitar la aplicación indiscriminada de computadores a la replicación de lo humano si mantenemos **un** concepto claro de lo que es propiamente humano excluyendo así a las computadoras de aquellas áreas de la vida en las que su intervención sería inapropiada.

Y propone dos clases de aplicaciones que consideran inapropiadas:
La primera se refiere al acoplamiento a un ordenador del sistema visual y el cerebro de un animal. Y se pregunta qué especie de necesidad humana podría ser satisfecha con semejante "dispositivo" (de hecho, esta alertando sobre el uso indiscriminado de las prótesis y su consecuencia inmediata dejar de ser humano para convertirse en *Ciborg*).

La segunda que debería evitarse es aquella que pueda producir efectos irreversibles y no enteramente previsibles. Y con mayor razón si tal aplicación no responde a una necesidad humana que no pueda ser satisfecha por otros medios (aquí alerta sobre el peligro de ir delegando funciones humanas a las computadoras, tales como servir de Psiquiatras).

Quiero concluir este análisis sobre los cibernéticos humanistas con una frase suya: "Los conceptos relevantes no son ni tecnológicos, ni siquiera matemáticos, sino éticos"
<u>Ciberética: Problemas Éticos de la Ciencia y la Tecnología de la información</u>
Dentro de los mundos posibles está el propuesto por los cibernéticos punks, el cual parte del análisis de una de las tantas dimensiones (la dimensión tecnológica y en particular las máquinas) que influyen sobre los cambios de los mundos posibles (espacios de estados). Pero existen otras dimensiones que están influyendo sobre los cambios posibles como la vertiente social (conciencia social), la religiosa, la cultural, la biológica, etc.

Si hacemos abstracción de todas las otras fuerzas y consideramos solo el vector tecnológico de las máquinas: la sociedad posthumana es factible, si tenemos en cuenta las demás fuerzas, esta sería tan solo una posibilidad (nada remota) entre tantas. La pregunta es: ¿Qué campo humano la máquina no será capaz de abordar? ¿Será en todo más eficiente que el hombre? Vista como otra inteligencia no humana, sin las motivaciones del hombre, capaz de superar al hombre en todas sus actividades incluso el arte. ¿Qué hará el hombre entonces? ¿Tendrá el hombre que imitar a las máquinas? ¿Se dedicará a desarrollar sus potencialidades espirituales?

Hacia una clasificación de la relación del hombre con la tecnología:
Interacción con la tecnología

Exógena: Para mejorar las potencialidades humanas de forma externa o recuperar facultades perdidas: Usar las máquinas como periféricos externos: espejuelos, gorras, cascos, audífonos, relojes, (computación ubicua)

Endógena: Conexión directa a la máquina. Los *Ciborgs*, hombre protésico: Prótesis no inteligentes: corazón, pulmones., recuperación de capacidades perdidas, mejorar capacidad actual, crear nuevas capacidades.

Tecnologías cada vez más inteligentes
- Que las máquinas sean cada vez más inteligentes hasta que sustituyan al hombre.
- Que el hombre en su interacción con las máquinas sea cada vez más inteligente y sus resultados sean cada vez mejores. Dedicarse a las tareas más creativas más humanas.

Implicaciones de las tecnologías
La tecnología debe servir para que el hombre sea cada vez más inteligente, sea mejor su calidad de vida, eliminar la desigualdad, la brecha entre ricos y pobres. La tecnología en función de un mundo mejor, como relación exógena: mejorar la vida y la humanidad.

La tecnología y su interrelación o interacciones con el hombre. De forma endógena: las prótesis, hombre protésico. Se pretende mejorar al hombre o al mundo.

La fusión con la tecnología: la unión entre el hombre y la máquina. Lo mejor del hombre con lo mejor de la máquina. Una especie mejor o una especie sustituta del hombre. Entidades artificiales, Ciborgs.

La tecnología superando al hombre. Los robots superinteligentes, máquinas cada vez más inteligentes.

Sociedades cooperativas
Nos acercamos a una televisión internacional, el mundo cada vez tiende más a compartir las comunicaciones. El concepto de aldea global de Mc Luhan, responde exactamente a esto: a la necesidad que tienen hoy los instrumentos informativos de ofrecer a sus seguidores –lectores, oyentes o telespectadores– la imagen de un mundo unitario, lejano y diverso en la realidad, pero próximo y unificado por la inmediatez de las comunicaciones y de los transportes y por la función universalista y unificadora de los propios instrumentos de información masiva.

Con razón uno de los acontecimientos más importante de esta época es la aparición de Internet, la llamada autopista de la información. Para muchos Internet es el sueño romántico de un macromundo democrático donde cualquiera tiene acceso a todo con su computadora y su módem. Y defienden que la información es de todos y debe circular libremente sin que nadie le impida el acceso y no importa que al gobierno de Estados Unidos le preocupe que exista un espacio informático que supere todas las fronteras sin control legal alguno o que los hackers acaben con la propiedad intelectual de medio mundo o que pueda surgir una ola de ciberterroristas. Esto no es nuevo, el progreso científico siempre pone a los humanos ante la disyuntiva de crear o destruir.

Con respecto a es terrible disyuntiva que pesa sobre la conciencia de los humanos, Norbert Wiener el creador de la cibernética dijo: "El sentido de lo trágico consiste en que el mundo no es un pequeño nido agradable, creado para nuestra protección sino un vasto ambiente ampliamente hostil, en el que podemos realizar grandes cosas, solo desafiando a los dioses, acto que trae inevitablemente consigo su propio castigo... no sólo para el que peca con consciente arrogancia, sino también para aquel cuyo único crimen es la ignorancia de los dioses y del mundo que lo rodea".

El teletrabajo es otra de las consecuencias de este mundo en red, y es uno de los fenómenos que se incrementa sin cesar cada vez son más las personas que trabajan desde el hogar sin tener que realizar los desplazamientos cotidiano a su centro, ya la distancia no es un problema, lo cual permitiría vivir en un país y trabajar en otro. También se ha puesto de moda las reuniones virtuales, muchos científicos de distintas partes del mundo sin moverse de sus casas puede coincidir en el espacio electrónico y celebrar reuniones, y así de esta forma, compartir investigaciones, organizar eventos o darles adiestramientos a científicos que habitan en países más atrasados tecnológicamente.

Hoy nadie duda que INTERNET nos lleve a cambiar nuestra actitud ante el mundo y nuestra forma de relacionarnos con la sociedad, con nuestros semejantes y con nosotros mismo. No están equivocados los que creen que estamos a un paso de la gran aldea global que muchos habían ya desterrado.

Una de las grandes preocupaciones de los cibernéticos humanistas o zen, era la conversión paulatina del hombre en máquina. Para algunos ya el hombre se decidió por las máquinas o lo que es lo mismo por una sociedad poshumana.

En una sociedad poshumana el hombre habrá perdido su espiritualidad, ya no sentirá el deseo de autorrealizarse ni el afán de alcanzar la paz interior. Será sólo un cerebro electrónico o biónico que será tan perfecto que nada más necesitará la ampliación de sus propias capacidades o al alcanzar un nivel superior social sufrirá también de crisis existencial ante la responsabilidad de ser regente del universo y sentirá la angustia de no saber hacia donde va. Y es que nada puede existir más ajeno al verdadero humanismo que el deseo de crear una superhumanidad. Para los humanistas el hombre debe aceptarse tal como es y a aceptar la idea de la muerte como una condición de su humanidad: "el hombre no puede elevarse por encima de sí mismo y de la humanidad"... "tú no mueres por estar enfermo; tus mueres porque estás vivo" –dice Montaigne.

Desde otro ángulo vemos que en las ciencias cognoscitivas queda fuera el estudio del desarrollo potencial de la mente como un todo, digamos los "poderes" de la mente a través de la meditación y la concentración y su incidencia sobre el "saber" humano, más completo que el simple "conocer" de la ciencia.

Soy optimista y creo en la posibilidad de desarrollar programas que permitan comprender como funciona la mente humana (Se necesita humanizar la ciencia de la computación), pero sin creer que el cerebro y la máquina son equivalentes, la mente humana tiene una estructura propia y funciones también muy particulares que jamás se podrán simular en una máquina. Pero también pienso que la máquina tiene su propia estructura y formas de organización y que la misma alcanzará un desarrollo insospechado logrando niveles de conocimientos asombrosos y que su "inteligencia" vendrá a complementar la inteligencia humana. Yo creo firmemente que los humanos y las máquinas trabajaran de forma cooperativa en el progreso de la ciencia y la técnica y sobre todo en el desarrollo moral y espiritual del ser humano.

III.- Desafíos éticos de las tecnologías

Orígenes del transhumanismo

Antes cuando se hablaba del perfeccionamiento humano solo se pensaba en la trascendencia espiritual del ser humano, esta idea ha ido variando a lo largo de los últimos tiempos, hoy cuando se habla de perfeccionamiento, son muchos los que creen que las tecnologías son el único medio de alcanzar este fin y una nueva ideología con el nombre de transhumanismo, ha venido a ocupar, en muchos aspectos, el lugar que antes le correspondía a la religión.

El concepto "transhumar" fue utilizado por primera vez por Dante Alighieri en la *Divina Comedia,* donde la meta última del hombre se representa como la experiencia, imposible de explicar con palabras, de ser elevado por la gracia divina, más allá de lo humano, hacia la realización total y transcendente en Dios. La palabra "transhumanismo" fue utilizada por Julian Huxley en 1927: "la especie humana puede, si lo desea, trascenderse –no sólo esporádicamente– sino en su totalidad, como humanidad. Necesitamos un nombre para esta nueva creencia. Quizás Transhumanismo pueda servir: el hombre sigue siendo hombre, pero transcendiéndose, a través de la realización de las nuevas posibilidades de y para su naturaleza humana". Huxley, por tanto, mantiene el concepto, pero cambia el significado. Transhumanarse se ha convertido en una tarea propia del hombre: conseguir con las nuevas ciencias, como la psicología y la biología, una humanidad superior a la actual. Así, el concepto ha pasado de la superación de la humanidad en virtud de la gracia divina, a la superación de la humanidad en virtud de la tecnología como obra puramente humana.

Uno de los exponentes más importantes del movimiento transhumanista contemporáneo, Nick Bostrom, ha definido el *transhumanismo* como "el movimiento intelectual y cultural que afirma el deber moral de mejorar la capacidad física y cognitiva de la especie humana y de aplicar las nuevas tecnologías al hombre, de manera que se puedan eliminar los aspectos no deseados y no necesarios de la condición humana como el sufrimiento, la enfermedad, el envejecimiento e incluso, el ser mortales". El Transhumanismo se convierte así en un movimiento, una ideología, que tiene como credo filosófico "la superación de las limitaciones humanas a través de la razón, la ciencia y la tecnología"

Los orígenes remotos del transhumanismo, se pueden localizar en la exaltación del hombre y la técnica, mediante un saber traducido en hacer. Los transhumanistas se sienten en sintonía con el optimismo de filósofos y científicos ante las posibilidades ofrecidas al hombre por los conocimientos científicos y tecnológicos, y se remiten por ello a Francis Bacon, a David Hume, a Isaac Newton y Augusto Comte, del mismo modo que a los pragmatistas americanos Charles Pierce y William James.

Ellos, aún sin hacer profesión explícita de materialismo, *de facto,* manejan en realidad una visión reduccionista del hombre pues sólo a partir de esta visión es posible pensar que se puede modificar la realidad profunda del hombre, actuando sobre su dimensión corporal. En este sentido las premisas antropológicas del transhumanismo se pueden encontrar en la comprensión de la naturaleza humana propia del empirismo, del materialismo y en gran parte del dualismo cartesiano ha dejado su contribución en la formación de tal visión antropológica. En esta línea reduccionista no se puede ignorar la influencia de Charles Darwin con su interpretación de la evolución de las especies.

Los inicios del Transhumanismo se reconocen en el pensamiento del filósofo Max More, fundador en los años 80 del siglo pasado del Extropy Institute. La expresión Extropy se utiliza como opuesto a entropía. Dentro de este contexto futurista surge la idea de una singularidad tecnológica, propuesta por Vernor Vinge cuando en 1993 escribo el ensayo: *The coming Technological Singularity* en el que pronosticaba el surgimiento de una superinteligencia que superaría a la humana y proponía cuatro tipos de superinteligencias. A diferencia del transhumanismo inicial, Vinge, alertaba sobre la problemática de dichas superinteligencias al de estar fuera del control humano y lo veía como algo inevitable dada las relaciones socioeconómicas actuales basadas en la ley del mercado.

Las consecuencias de una posible singularidad tecnológica, es un tema poco estudiado objetivamente, o se rechaza de plano o se acepta religiosamente. John Holland, cree que mientras más personas conozcan sobre las tecnologías que supuestamente provocarán la singularidad, más conscientes estarán sobre las limitaciones de esas tecnologías. Es obvio, que mientras no tengamos claro cómo será la relación futura entre humanos y maquinas cualquier tecnología relacionada con la inteligencia llegará a estar fuera de control.

Actualmente, el movimiento está representado en el mundo de una manera más significativa por la *World Transhumanist Association,* fundada en 1998 por Nick Bostrom y David Pearce, con el objetivo de proporcionar una base organizacional general para todos los grupos que se identifican con la idea transhumanista, y para dar al mismo transhumanismo una fisonomía académica más rigurosa. En este ámbito se unen, con ensayos y con obras de alta divulgación del *credo* transhumanista, autores de varios ámbitos disciplinarios como J. Harris, J. Hughes, R. Naan y G. Stock.

Definición de transhumanismo

El Transhumanismo es una ideología de trasfondo filosófico que se presenta como el nuevo paradigma para el futuro de la humanidad. En este paradigma los filósofos y los científicos, procedentes de diversas áreas, cooperarán en un único objetivo: alterar, mejorar la naturaleza humana y prolongar su existencia. En este camino hacia el futuro es necesaria una etapa intermedia que corresponde al *transhumano,* el ser humano en fase de transición hacia el *poshumano.* El *transhumano* tendrá unas capacidades físicas, intelectuales psicológicas mejores que las de un ser humano normal, pero todavía no habrá alcanzado la realización del *poshumano* que será un ser completamente superior al humano actual. El *poshumano* será alguien totalmente distinto del humano: podrá gozar de una vida más larga sin deteriorarse, con mayores capacidades intelectuales, un cuerpo fabricado a medida, del que podrá hacerse copias, y sobre el que ejercerá un control emocional total.

El movimiento transhumanista ha recogido sus bases ideológicas en la Declaración de los principios transhumanistas que comienza diciendo: "En el futuro, la humanidad cambiará de forma radical por causa de la tecnología. Prevemos la viabilidad de rediseñar la condición humana, incluyendo parámetros tales como lo inevitable del envejecimiento, las limitaciones de los intelectos humanos y artificiales, la psicología indeseable, el sufrimiento y nuestro confinamiento al planeta Tierra". A partir de este primer principio plantean la necesidad de desarrollar al máximo la investigación en nuevas tecnologías e invocan una apertura mental que permita adoptar estas tecnologías sin limitar ni prohibir su uso o desarrollo. Sostienen el derecho moral de utilizar los métodos tecnológicos, por parte de aquellos que los deseen, para potenciar las capacidades físicas e intelectuales y para aumentar el nivel de control sobre su propia vida. Aspiran a un crecimiento personal más allá de las limitaciones biológicas. Consideran que sería una tragedia para el ser humano la pérdida de los potenciales beneficios a causa de una cultura tecnofóbica y por ello pretenden crear foros de encuentro que permitan discutir los pasos a dar y la creación de estructuras sociales y políticas que tomen las decisiones de manera responsable. La pretensión es llevar este bienestar a todos los seres conscientes, ya sean humanos, inteligencias artificiales (IA), animales conscientes o potenciales extraterrestres. A través de la Asociación Mundial Transhumanista (W.T.A.) se ha concretado esta declaración en tres grandes proyectos: Campaña por los derechos de las personas, Campaña por vidas mejores y más longevas y la Campaña por una cultura más amistosa con el futuro.

Presupuestos del transhumanismo

Avances científicos y tecnológicos
La puesta en práctica del Transhumanismo se apoya en el desarrollo de los avances científicos y tecnológicos en cuatro áreas convergentes: **N**anotecnología, **B**iotecnología, tecnologías de la **I**nformación y ciencias del **C**onocimiento (NBIC). El término Tecnologías Convergentes, NBIC, se refiere al estudio interdisciplinario de las interacciones entre sistemas vivos y sistemas artificiales para el diseño de nuevos dispositivos que permitan expandir o mejorar las capacidades cognitivas y comunicativas, la salud y las capacidades físicas de las personas y en general producir un mayor bienestar social. El carácter distintivo de las NBIC radica en la contribución sinérgica de la nanotecnología sobre las otras tres disciplinas y la fuerte complementariedad de las cuatro en torno al estudio y a las posibilidades de manipulación controlada de las interacciones entre sistemas vivos y artificiales.
Los transhumanistas aspiran a mejorar la condición humana natural por medio de las tecnologías y vencer al envejecimiento, las enfermedades, así como las limitaciones físicas y mentales. La finalidad del transhumanismo para el individuo, parece loable, ya que, en general, persigue superar la vulnerabilidad humana, lo discutible, esta, en los medios que pretende utilizar, si estos están al alcance de todos, si no tiene secuelas, si no aumenta la injusticia actual, etcétera. Lo cual nos lleva a una cadena de cuestionamientos que es necesario tener en cuenta, ante tal propósito.
Para lograr sus propósitos los transhumanistas parten de ciertas proyecciones tecnológicas a realizarse en el futuro, algunas ya se están poniendo en práctica, como los implantes, otros, nacidos de la ingeniería genética, ya se están realizando en plantas y animales. Si partimos de la oferta y la demanda, parece, que solo es cuestión de tiempo; que se utilicen en los humanos.

Presupuestos tecnológicos

Las proyecciones tecnológicas a través de la cual los transhumanistas aspiran a lograr sus propósitos son las siguientes

Las tecnologías de la información

Las tecnologías de la información han ido teniendo un rápido avance en los últimos tiempos, su cada vez mayor capacidad en el procesamiento de la información ha llevado a muchos a considerar que su crecimiento, en apariencia ilimitado, llevara a las máquinas a superar al hombre en capacidad de cálculo, de memoria y hasta de poder de razonamiento, ya en estos momentos son capaces de vencer a los mejores ajedrecistas del mundo y creen que en un futuro puedan superar a los humanos en todas actividades intelectuales, sin excepción, y se predice el surgimiento de una superinteligencia artificial que supere en mucho a la capacidad del cerebro humano

La inteligencia artificial (IA) ha sido una de las líneas de investigación favorita de los transhumanistas, la cual siempre ha despertado una gran expectativa y ha provocado las más alucinantes metáforas sobre la mente humana. La IA surge ante la crítica al enfoque investigativo de la cibernética basado en las analogías con otras ciencias, lo cual lleva a la propuesta de una nuevas ciencia sustentadas sobre sus propias leyes y se plantearon como objetivo principal el desarrollo de programas por computadoras capaces de exhibir una conducta inteligente y tomaron a la computadora como el laboratorio para comprobar sus hipótesis, pero en su afán de convertirse en una ciencia propia, abandono las analogías y cibernética como método de investigación y tuvo inexorablemente que recurrir al reduccionismo, que en su versión fuerte, pretende reproducir la mente humana en una computadora

La metáfora de la computadora como modelo de los procesos mentales. Al principio se insistía en la semejanza entre el hardware y el cerebro. De hecho, la realización y el perfeccionamiento de las computadoras numéricas partieron de analogías con el sistema nervioso. El propio John von Neumann solía hablar de "órganos" para referirse a los componentes de la computadora. La idea popular de la computadora como "cerebro electrónico" viene de este tipo de enfoque. Con la llegada de los primeros lenguajes de programación evolucionados y posteriormente con la aparición de la Inteligencia Artificial, las comparaciones con el hardware empezaron a tener menos aceptación.

La Nanotecnología

Nanotecnología Molecular: La Nanotecnología es el diseño y construcción de máquinas con una precisión a escala atómica, incluida la producción de dispositivos llamados "ensambladores" que permitan posicionar los átomos individualmente de forma que puedan construir cualquier estructura químicamente posible. Una prueba de una forma de Nanotecnología limitada es la biología, en la cual tenemos elementos como la célula la cual es un sistema autoduplicable que es capaz de producir un amplio rango de proteínas, pero los diseños que están al alcance de los organismos biológicos están restringidos por su historia evolutiva, y confinado a una estructura no rígida de carbono. Eric Drexler fue la primera persona en analizar en detalle la posibilidad desde el punto de vista físico de construir un ensamblador molecular universal. Una vez que un dispositivo de este tipo se halla desarrollado, hará posible la producción de bienes de consumo con el único costo de la energía para fabricarlos y los átomos empleados para construir el bien de consumo deseado.

La nanotecnología promete brindarnos las herramientas más poderosas y pequeñas (nanoescala) que permitan reproducir la materia. Se aspira, en un futuro construir nanomáquinas, que se puedan introducir en diferentes partes del cuerpo con el fin de eliminar patologías o discapacidades o incrementar alguna de las facultades humanas.

La Biotecnología

Los mejores hijos posibles

Esta es la forma obvia, aunque quizás no la más sencilla de llevar a cabo, de dar un salto evolutivo. En lugar de modificar a un humano adulto, es posible (al menos en teoría) cambiar genéticamente al embrión o incluso a las células germinales para producir un bebe "hecho a medida". La selección de seres humanos "sin defectos ni patologías" y la eliminación de los seres enfermos con la técnica oportuna. Algunos utilizan el término de eugenesia liberal, al deseo de los padres de conseguir los mejores hijos posibles. Los caminos para lograrlo son dos.

La eugenesia negativa

El primer paso de la eugenesia negativa es la *eliminación de los bebés defectuosos*, a través del diagnóstico prenatal que posibilita la identificación de malformaciones y alteraciones genéticas para llevar a cabo el aborto eugenésico. Esto supone una nueva aproximación por parte de la medicina a la enfermedad: se evita la enfermedad mediante la eliminación del paciente.

El segundo paso de la eugenesia negativa es la *selección de los hijos sanos* a través del diagnóstico genético pre-implantacional. Sólo se implantarán aquellos embriones que han superado los *Standards* de calidad.

La eugenesia positiva

El paso de la prevención de la enfermedad al mejoramiento del niño no supone un cambio en el procedimiento sino una modificación del *Standard* aplicado. La ingeniería genética posibilitará, no sólo la identificación de genes defectuosos sino también, la identificación de genes que expresen características deseables, por ejemplo, color de ojos, estatura, peso, inteligencia... Se trata de construir el mejor hijo posible

Un cuerpo sin edad

Ante la realidad de un cuerpo que envejece, y de unas capacidades que declinan, no cabe menos que ser conscientes que nuestra vida tiene un fin. Uno de los sueños humanos es el de no envejecer, desafiar a la muerte. Los científicos han alcanzado ya algunos éxitos en la prolongación de la vida de algunas especies animales. Tres son los modos en los que los científicos trabajan para aumentar las expectativas de vida en humanos.

Reducción de las causas de mortalidad entre los jóvenes. Especialmente con la reducción de la mortalidad infantil y con la implantación de sistemas sanitarios generalizados y públicos. Así se ha conseguido un aumento de las expectativas de vida en el mundo occidental a lo largo del siglo XX pasándose de una esperanza de vida de 48 años, en el 1900, a una esperanza de vida por encima de los 75 años en el 2000.

Combatir la enfermedad entre los ancianos. Se trataría de atacar las causas específicas de la muerte sin tener en cuenta los daños causados por el envejecimiento. Esta solución no convence a los transhumanistas que consideran que se conseguiría una prolongación de la vida, pero no una mejora en la calidad de vida.

Ralentizar el proceso de envejecimiento. Si se consigue con éxito ralentizar los procesos de envejecimiento se podría aumentar la duración de la vida máxima e introducir cambios en el ciclo de la vida como lo conocemos hoy. Este es el cambio que pretenden introducir los transhumanistas cuando hablan de un cuerpo capaz de vivir 500 años. Ellos buscan no tanto la inmortalidad sino la prolongación de la vida. A través del uso de la biotecnología pretenden ralentizar el proceso de envejecimiento no sólo añadiendo más años a la vida sino añadiéndole más vida a esos últimos años. Los mecanismos estudiados en animales para alargar la vida media pasan por:

La idea de bloquear el proceso del envejecimiento y estimular el rejuvenecimiento y la reparación de los tejidos en forma indefinida y aspira con la nanotecnología del futuro se pueda lograr. A pesar de ello, algunos opinan que se podrá superar la frontera de la muerte, a través de la crio-conservación y la reanimación de pacientes mantenidos en suspensión criogénica. Bostrom, vuelve a depositar toda su esperanza en la Nanotecnología, cuando dice que con lo con lo único que puedan ser reanimados, dado los conocimientos actuales, es con la existencia de una Nanotecnología ya madura.

Clonación. Cuando pensamos en la clonación generalmente vemos únicamente la posibilidad de crear un duplicado de una persona. Esto puede permitirte tener un duplicado exacto, pero más joven. Dejando de lado las posibilidades de utilizar al doble como un banco de órganos de repuesto, podemos imaginar a la clonación como una posibilidad de obtener una copia mejorada de nosotros mismos. En efecto, tal como ocurre con los bebes de diseño, el clon no tiene por qué ser obligatoriamente un duplicado exacto. Mediante técnicas de ingeniería genética, el clon podría ser mejor que el original, dando así un salto evolutivo.

En resumen, con respecto a la biotecnología, los transhumanistas cifran sus esperanzas en tres presupuestos:

1) Bebes hechos a la medida.
- La eugenesia negativa es la *eliminación de los bebés defectuosos*,
- La eugenesia positiva, tener al bebe perfecto
2) La eterna juventud
- Reducir de las causas de mortalidad entre los jóvenes
- Combatir la enfermedad entre los ancianos
- Detener el proceso de envejecimiento
3) Clonación
- El duplicado exacto de una persona
- La duplicación mejorada de la persona

Todas estas proyecciones pueden parecer remotas pero los transhumanistas pensamos (y hay varias razones para creer en ello) que todas estas tecnologías no están muy lejanas en el tiempo como es comúnmente supuesto. El Postulado Tecnológico denota la hipótesis de que muchos de los puntos anteriormente tratados, y otros cambios igualmente revolucionarios, serán posibles en los próximos 70 años (posiblemente mucho antes). Por lo tanto esto es la antítesis de que la condición humana es invariante.

El Postulado Tecnológico siempre se da por hecho en las discusiones entre transhumanistas, pero no es un artículo de fe ciega sino una hipótesis que está basada en argumentos científicos y tecnológicos.

Desde esta base parte la filosofía y el movimiento transhumanista. Para los transhumanistas, más que una creencia abstracta, en el futuro vamos a trascender por encima de nuestras limitaciones biológicas con la ayuda de la tecnología, y es una invitación a discutir lo más ampliamente posible todos estos temas anteriormente citados para poder promover un mejor entendimiento por parte del público.

Si hemos decidido creer que el Postulado Tecnológico es cierto, ¿qué consecuencias tendrá para la forma en la cual nosotros percibimos el mundo y como pasamos nuestro tiempo? Una vez que empecemos a reflexionar sobre la materia y comprendamos las ramificaciones de estos cambios, las implicaciones de los mismos son muy profundas.

Las habilidades para llevar adelante la agenda del transhumanismo se extienden más allá de las posibilidades de los diseñadores de software, neurocientíficos, nanotecnólogos y otros gurús de la alta tecnología. El transhumanismo no es sólo para las mentes acostumbradas al futurismo sino algo que concierne a toda la sociedad, ya que está en juego el progreso humano.

Crítica a los presupuestos antropológicos.

El concepto de naturaleza humana
El ser humano material reducido a sus conexiones neuronales
La naturaleza humana es pura materia por lo que se puede modificar y se puede mejorar. Consideran al ser humano como un material reducido a su cerebro. Cuando se comprenda su funcionamiento se podrá comprender y alterar al ser humano.

Para los transhumanistas la conclusión es evidente: cuando el ser humano sea capaz de comprender y controlar el funcionamiento del cerebro, entonces será capaz de comprender y de controlar al propio ser humano. La alteración del cerebro humano supondrá la alteración de la naturaleza humana. Por otro lado la afirmación "el hombre es solamente fruto de sus conexiones neuronales", contrasta con la experiencia humana más cotidiana. La actividad mental no se puede reducir a actividad fisiológica porque la mente no es sólo el cerebro.

Pero lo que hace realmente peligrosa la ideología transhumanista no son los medios que utiliza sino su planteamiento filosófico de partida, lo que el profesor Faggoni llama la *naturaleza fluida*. Los transhumanistas consideran que la naturaleza humana se puede alterar, que se puede modificar, que se puede mejorar y por tanto no es un *datum* en el ser humano.

Jurgen Habermas, en su ensayo sobre *La naturaleza humana*, define un fenómeno preocupante "la desaparición de la frontera entre la naturaleza de *lo que somos* y la dotación orgánica que *nos damos*". El filósofo alemán, aunque acepta éticamente la eugenesia negativa, la intervención genética para eliminar las discapacidades severas, se muestra contrario a la eugenesia positiva, que persigue mejorar el patrimonio genético humano, porque compromete la libertad del sujeto y, por tanto, mina las bases de la convivencia democrática. Al igual que para el japonés Francis Fukuyama, el principal argumento está inspirado en la simetría necesaria para unas verdaderas relaciones democráticas, es decir, lo que se está poniendo en juego es la idea misma de libertad. La eugenesia positiva se expone, de hecho, al riesgo de crear asimetrías entre padres e hijos y de predeterminar las opciones y el destino de los hijos en conformidad con las expectativas de los padres. Cuando manipulamos genéticamente a un ser humano, cuando construimos el poshumano, estamos rompiendo la necesaria simetría entre las relaciones humanas. El otro pasa a ser totalmente dependiente de nuestras elecciones, elecciones que condicionarán su vida de una manera irreversible.

El concepto de persona
Se reduce la realidad personal a su racionalidad. Se pasa del ser al hacer.
A nivel de la realidad personal también se produce un reduccionismo similar al limitar la realidad personal a su racionalidad. En la edad Moderna se había reducido un desplazamiento del *ser* al *hacer*, que se traduce en un desplazamiento del concepto de persona *sustancial* al concepto de persona *operacional*, del *ser* a la *conciencia de ser*. Así, es persona quien razona y no es persona quien no razona (embriones, fetos, discapacitados privados del uso de la razón, personas en estado vegetativo persistente o personas en coma).

Los transhumanistas van más allá y plantean la aplicación concepto de persona a máquinas aparentemente inteligentes. Para los transhumanistas lo que identifica a la persona como ser sustancial no es el ser con capacidad subjetiva sino la misma sensibilidad subjetiva independientemente de su soporte. La *singularidad tecnológica* es la propia inteligencia sin soporte corporal que puede encontrarse en un animal no humano, en un humano, en un poshumano o en un soporte no biológico. El deber moral del hombre será permitir a la inteligencia, desencarnada, encontrar un soporte más adecuado para desarrollar plenamente sus posibilidades.

El concepto de dignidad humana

Una sociedad que reduce el concepto de persona, hasta el punto de identificarlo con la racionalidad en su aspecto más funcional, es incapaz de comprender el sentido de la dignidad ontológica del ser humano.

Nordenfelt, distingue cuatro significados del término dignidad. Tres de ellos son considerados relativos, o no esenciales:

La dignidad como mérito (referida a la especial situación de la persona en la sociedad),

La dignidad como estatura moral (dependiente del comportamiento de la persona).

La dignidad de identidad (aquella dignidad que reconocemos en nosotros mismos, en nuestra relación con los demás y que puede sufrir disminuciones por las vejaciones, abusos o malos tratos de otros, o también por algunas enfermedades).

En estos tres aspectos la dignidad puede crecer o disminuir o incluso puede perderse por parte del sujeto. Y añade un cuarto significado, que es un tipo de dignidad completamente diferente, que poseemos todos los humanos en cuantos seres humanos y que no puede perderse ni admite gradación alguna. Utiliza el término alemán *Menschenwürde*, y es esta dignidad a la que se refiere tanto el primer artículo de la Declaración Universal de los Derechos Humanos (1948) cuando dice que todos los seres humanos han nacido libres con igual dignidad y son titulares de los derechos humanos.

Ashcroft distingue, en el campo de la bioética, cuatro posiciones en relación a la dignidad.

Un primer grupo lo formarían aquellos que defienden que este término es incoherente o inútil para la resolución de problemas.

Un segundo grupo entiende que la palabra dignidad podría ser reducible al concepto de autonomía.

Un tercer grupo considera que la dignidad sería un término más dentro de los utilizados en bioética para referirse a capacidades, funcionalidades y relaciones sociales.

Para el cuarto y último grupo, la dignidad es una propiedad metafísica poseída por todos los seres humanos.

Los transhumanistas consideran que la dignidad de la vida humana se basa en la *calidad de la vida humana*. Si la dignidad no es algo ontológicamente unido al ser humano, por el hecho de *ser* humano, sino que depende de una cualificación externa, calidad de vida, entonces la dignidad dependerá del reconocimiento de esa cualificación, o no, por otras personas, por los poderes tecnocráticos o por el poder político. Y olvidan que la idea de dignidad humana se apoya sobre la auto trascendencia que le es propia al ser humano, que significa autodeterminación pero también dominio de sí e incomunicabilidad.

La humanidad se diferencia de los animales en su carácter moral. El animal es esclavo de las leyes de la especie, del instinto, es sólo un ser natural. El hombre, capaz de dominar las pasiones, no está encerrado en sí mismo, sino que es *alguien* capaz de objetivarse, de verse a sí mismo con ojos ajenos, relativizando el peso de los propios intereses. Si el concepto de dignidad humana desaparece, se equipará sin más con la autonomía o simplemente se reduce a la idea de calidad, como hacen los transhumanistas, entonces se introduce una brecha inadmisible en las sociedades democráticas y la bioética pierde toda su razón de ser.

Con la ideología transhumanista, se reduce el concepto de naturaleza humana a solo materia. La metáfora espiritual es sustituida por la metáfora cognitiva. El ser humano es considerado una maquina biológica (bio-máquina) cuando en realidad debe ser visto como un espíritu biológico (bio-espiritual) y asume dos posiciones:

Se reduce a su cerebro. Es pura materia y es reducido a sus conexiones neuronales (metáfora cognitiva).

Es parte mente y parte cerebro. Se reduce a un sistema de procesamiento de información donde la mente es el software y el cerebro el hardware (metáfora computacional).

Es que, para muchos transhumistas, lo que interesa no es la persona como ser sustancial y con capacidad subjetiva sino la reproducción material de la mente como información y que es ejecutada en un sustrato material: el cerebro; el cual es equivalente al hardware de una computadora.

El concepto de alma es un elemento básico en la "construcción" de nuestra subjetividad, no podemos comprendernos a nosotros mismos ni a los demás sino es aceptando la idea de un alma. Si dejamos de alimentar nuestra mente de ideas elevadas y la sustituimos por un pragmatismo materialista, basado en fuerzas externas, iremos perdiendo poco a poco nuestra capacidad de crecer espiritualmente y pasaremos de sujetos a objetos. Y es que el ser humano no puede vivir sin el concepto de alma, no se puede definir o comprender al ser humano sin utilizar la palabra espíritu o alma, podrá no existir el alma objetivamente, pero conceptual e históricamente existe y no podemos prescindir de ella, porque sería negar nuestra propia esencia humana y se quedaría sin soporte nuestra idea sobre la dignidad humana.

Como dijera Juan Pablo II: "Sólo una antropología adecuada nos permitirá no caer en la trampa del reduccionismo biológico. Una antropología que permita contemplar al hombre en la totalidad de sus dimensiones, donde las estructuras y dinamismos naturales tienen importancia, pero sólo en cuanto que están referidos a la persona humana y a su realización auténtica, que sólo se puede verificar en la naturaleza humana".

Al humano mejorado del transhumanismo, como un producto de las tecnologías; se le opone la idea de un humano pleno, forjado en su propia dimensión humana, que se nutre de su propia fuerza interior, y que vive en armonía con la naturaleza, con su espiritualidad, con la tecnología y consigo mismo.

La puesta en práctica del transhumismo y sus proyectos pueden parecer remotos, pero ellos, la aceptan como una realidad cercana y son los postulados tecnológicos de los que ellos parten para alcanzar la transhumanidad, en el que están implícitas las premisas del imperativo tecnológico descritas por Graciano González, desde un enfoque humanista.

Premisas

Imperativo científico: Puesto que no hay, ni puede haber, límites en la capacidad de saber, tampoco pueden existir límites en la posibilidad de investigar.

Imperativo técnico-moral: Si la investigación pone de relieve el límite de lo que es posible hacer, entonces todo lo que se puede hacer tiene que poder ser hecho.

Conclusión

Imperativo práctico-moral: Si todo lo que puede ser hecho es una exigencia del poder de efectuación, entonces todo lo que se hace o será hecho tiene el derecho a ser utilizado.

Por lo que, el postulado tecnológico lo dan por hecho, aunque ellos afirman que no representa una fe ciega, lo asumen como infalible por el solo hecho de estar basado en argumentos científicos tecnológicos. Lo cual conduce, a que la aceptación o no del postulado tecnológico; define, a su vez, si asumes la posición del transhumanismo, y su no aceptación, te convierte en un individuo reacio a los avances de la ciencia.

Para algunos la tecnología nunca superará a los humanos, pero dada las tendencias actuales donde la tecnología es cada vez más autónoma (fábricas manipuladas por robot que no necesitan de los humanos) a la vez que asumen roles que antes se consideraban inteligentes: jugar ajedrez (ya derrotan al campeón mundial), diagnósticos, predicciones, cada vez son más las actividades intelectuales, sobre toda aquellas relacionadas con el cálculo, donde la máquina es imprescindible y no se vislumbra que este crecimiento tenga límites. Si a esto le unimos que, hoy más que nunca, la tecnología se ha convertido en un medio de poder; nada detendrá su crecimiento y nadie estará exentos de la mala utilización de la tecnología consciente o inconscientemente.

Posiciones ante el progreso tecnológico

Las discrepancias surgen a partir de la consideración que se tenga sobre el impacto tecnológico sobre la sociedad. Si creemos que las tecnologías siempre serán una infraestructura controlada por los humanos o aceptamos que, dado su crecimiento acelerado, su cada vez mayor autonomía y su creciente inteligencia (a lo cual no se le ve límites), se puede aceptar que se convertirán en una superestructura capaz de compartir las decisiones con los humanos.

1.- Ingenua: Las tecnologías nunca superaran a los humanos. El humano es quien la crea y estas nunca dejarán de ser un medio y siempre estarán bajo control.

2.- Competitiva: Se parte del principio de que siempre unos dominaran sobre otros, que los enfrentamientos son inevitables y que la evolución se basa en la ley del más fuerte; por lo que la vida es una lucha por el control, por dominar a los demás; a la ciencia, a la naturaleza. Consideran que es inevitable el enfrentamiento entre humanos y tecnología. Los competitivos se dividen a su vez en dos grupos, los que defienden la aceleración tecnológica y los que proponen el control de las tecnologías ante sus posibles riesgos

a) Aceleración: Las tecnologías inevitablemente superaran a los humanos y este no tendrá otra opción que dejarse guiar (singularidad tecnológica). El progreso tecnológico es la única solución (tecnoutopía), por lo que es imprescindible, desarrollar, acelerar y aplicar sobre el ser humano todo el potencial tecnológico cuanto antes. Se defienden la idea de una superinteligencia artificial (transhumanistas singularistas).

b) Control: Los humanos nunca dejarán que las tecnologías lo superen y siempre existirá la forma de tenerlas bajo control. La preocupación por las tecnologías los divide en dos grupos, los que quieren prohibirlas y los que proponen un uso cauteloso.

Actitud prohibitiva. Prohibir el desarrollo de todo el potencial tecnológico por motivos religiosos o ecológicos. Los riesgos son enormes y desconocidos y asumen que la tecnología sustituirá a los humanos (los transhumanistas llaman a este grupo bioconservadores luditas)

Actitud precavida. Se debe controlar el desarrollo tecnológico teniendo en cuenta su impacto sobre la sociedad y las consecuencias que tendrá sobre el individuo. Las tecnologías deben ser controladas y en caso de duda deben ser prohibidas Defienden la idea de un desarrollo sostenible basado en el principio de precaución (bioconservadores sociales).

3.- Simbiótica: Se cree que la solución está en alguna forma de simbiosis (sinergia) humano-tecnología, llámese fusión, colaboración, integración, unión, complementación, etc. Por lo que se asume una nueva dimensión del problema: lo tecnológico; y la necesidad de aceptar la condición de seres tecno-bio-sico-social. Se dividen en dos grupos: los que aspiran a fusionarse completamente con la tecnología y los que aspiran a una forma de integración cooperativa.

a) Endógena (fusión): Dada la estructura competitiva actual, los humanos y las tecnologías se fusionarán. Con dos tipos de enfoques.

Actitud transformadora. El mercado guiará el desarrollo tecnológico y decidirá lo mejor para el ser humano, que sin dudas será avanzar hacia la transhumanidad. Ya que las tecnologías, inevitablemente, superaran a los humanos, la única opción es fusionarse y evitar (renunciar al enfrentamiento) una competencia desigual. Se parte de la idea del *Ciborg*, con lo que se aspira a alcanzar una superinteligencia híbrida (transhumanismo liberal).

Actitud mejoradora. Desarrollar el potencial tecnológico evitando los riesgos y aplicarlo de forma responsable en el ser humano, los riesgos son manejables. Se aspira al mejoramiento humano por medio de las tecnologías. Su visión encaja dentro del contexto de una superinteligencia biológica (transhumanismo democrático)

b) Exógena (cooperación): Se debe avanzar hacia una estructura colaborativa donde los humanos y las tecnologías se integrarán de forma cooperativa, respetando la naturaleza del ser humano. Hay que aprender a manejarse con las tecnologías con el fin de alcanzar una superestructura tecnológica cooperativa. Los humanos y las tecnologías colaboran en el progreso humano, se defiende la idea de una superinteligencia colectiva (bioconservadores progresistas).

Hoy más que nunca es necesaria una ética que estudie la relaciones entre humanos y tecnología. Para que esta en lugar de ser una amenaza se convierta en una aliada del ser humano y de su crecimiento espiritual.
- Relación de dependencia.
- El ser humano depende cada vez más de la tecnología.
- La tecnología se hace cada vez más independiente de la acción humana.

Degradación vs aceleración
Hoy estamos ante el peligro de la reconstrucción del mundo natural por otro artificial. Donde existe una lucha por ver quién es más rápido entre la degradación del planeta y la aceleración tecnología. La aceleración a toda costa, como una medida desesperada para alcanzar la poshumanidad (vida eterna), nos va a conducir inevitablemente a una mayor degradación del planeta y con ello, al fin de la especie humana.

Por otra parte, la humanidad por medio de la tecnología, lo que ha hecho es invadir: invadir al planeta en aras del desarrollo, invadir a otros países en aras de la civilización, hoy estamos ante una nueva invasión, la invasión de si mismo, en aras de un humano mejorado

Formas de relación de la tecnología con el medio dado la estructura socioeconómica de poder existente.
- Naturaleza: actitud de dominio. Amos de la naturaleza.
- Social: exterminio de otras razas, culturas, religiones por el control de los recursos. Sometimiento de otros pueblos: esclavismo, feudalitos, capitalismo.
- Individuo: Se ve como una forma de dominio sobre si mismo y se aspira a conquistar lo último que le queda, su propia humanidad.

Formas de integración con la tecnología.
- Por sustitución de los humanos (la tecnología se escapa de las manos, las maquinas asumen el control).
- Por fusión con la tecnología. (hombre protésico, *Ciborg*).
- Por cooperación entre humanos y tecnologías (las maquinas se integran de forma armónica al contexto humano.

Cooperación entre humanos y tecnologías
Por lo que definimos a los sistemas cooperativos como: Tecnologías que permiten la cooperación entre sistemas vivos y artificiales de forma no invasiva, así como el desarrollo de una inteligencia colectiva, que integra el conocimiento de toda la humanidad.

Desde hoy es necesario desarrollar sistemas cooperativos a nivel macro, micro y nano. Que permitan la cooperación entre humanos y máquinas, entre el cerebro y dispositivos, entre neuronas y nanomáquinas. Siempre bajo el principio de integración armónica al contexto humano, donde cualquier implante coopere con el sistema orgánico como un todo, respetando la no intromisión en sus funciones vitales para con ello evitar la degradación de la naturaleza humana. Y no cometer el mismo error que se cometió con la Naturaleza.

El peligro mayor de nuestro contexto actual de poder, está surgiendo ahora, cuando queremos dominar nuestra propia naturaleza y consideramos defectuoso a nuestro cerebro, nuestro cuerpo, nuestras facultades, llamándola inferiores, lentas, limitadas... Y aspiramos a TENER, más inteligencia, más poder, más capacidad, más fuerza y con ellos TENER más hegemonía y control sobre los demás.

Transhumanistas (T) vs Bioconservadores (B)

La discusión sobre el postulado tecnológico nos lleva a uno de los problemas centrales de la bioética moderna, que radica en las consecuencias de la aplicación de la tecnología sobre el ser humano. Y nos obliga a retomar la pregunta formulada por Potter: ¿Cuándo no aplicar toda la tecnología disponible? Incluso podemos aceptar el postulado tecnológico y no estar de acuerdo con aplicar toda la tecnología disponible sobre el ser humano. Por lo que, la aceptación del postulado tecnológico, en muchas de sus proyecciones futuras, no necesariamente nos lleva a compartir la visión transhumanistas sobre el futuro humano.

El uso de las tecnologías para el mejoramiento humano, nos conduce al siguiente dilema: conservar la naturaleza humana vs transformar la naturaleza humana.

Preservar los atributos individuales que definen al ser humano y respetar la vida teniendo en cuenta las consecuencias globales. Conservar al individuo como especie y su evolución natural (posición bioconservadora)

Potenciar los atributos individuales por medio de las tecnologías y manipular la vida con el fin de mejorarla. Transformar al individuo como especie y alcanzar una nueva forma de evolución artificial (posición transhumanista).

Aunque la puesta en práctica del ideario transhumanista puede parecer lejana, no se puede ignorar el activismo que están llevando a cabo los transhumanistas, como movimiento en constante crecimiento que lleva a cabo acciones que persiguen la transformación del individuo. Imponen una nueva ideología individual que obliga a tomar partido desde hoy en el asunto. Si tenemos en cuenta que muchos de los métodos y premisas transhumanistas están presentes ya en nuestra vida cotidiana. El materialismo neurobiologista, la búsqueda del cuerpo perfecto a través de la cirugía plástica, la eugenesia liberal a través de la selección embrionaria, del diagnóstico prenatal y del aborto eugenésico, son manifestaciones claras de cómo esta ideología se va haciendo cada vez más presente en la vida diaria. Se hace necesario tomar partido desde el presente en las discusiones sobre el futuro humano.

Podemos estar ajenos al problema, pero es innegable que se está gestando un enfrentamiento (algunos lo nombran bio-político) entre las diferentes alas del transhumanismo (más radicales y menos radicales) y las diferentes posiciones del bioconservadurismo (también, más o menos radicales).

En el sitio Web del Instituto para la Ética y las Tecnologías Emergentes (IEET, en inglés), James Hughes, realiza una comparación entre las posiciones transhumanistas y bioconservadores, desde su enfoque transhumanista, al que llama enfrentamiento bio-político, el cual se reduce al enfrentamiento entre transhumanistas liberales y democráticos de una parte, y de la otra los biconservadores y los bioluditas; aquí introducimos dos nuevos contendientes: los transhumaistas singularistas y los bioconservadores progresistas.

Transhumanos singularistas – Bioconservadores luditas
Transhumanos liberales – Bioconservadores sociales
Transhumanos democráticos – Bioconservadores progresistas

Para su mejor comprensión y partiendo de la idea del bioeticista Van R. Potter de agrupar los dilemas por especialidades y clasificarlas como éticas aplicadas las cuales incluyen: ética médica, ética medio ambiental, ética agrícola, ética social, ética capitalista y ética religiosa aquí le llamaremos problemas.

Enfoque de las éticas poterianas como problemas.
- Ética médica – Problema bio-médico
- Ética medio ambiental y agrícola – Problema eco-sostenible
- Ética social y capitalista – Problema socio-económico
- Ética religiosa – Problema psico-religioso
- Y agrego un último problema – Problema tecno-científico

Enfrentamiento bio-político

Problema psico-religioso.
Potter asume que estamos ante el dilema de la falta de la educación secular para desarrollar un sentido de responsabilidad individual e integridad moral.

Humanismo vs Derechos religiosos

T. Singularista: No existe nada más allá del cuerpo y solo es posible mejorar al individuo por medio de las tecnologías. La tecnología se convierte en una nueva creencia (tecnocreencia).

T. Liberal: No existen límites religiosos ni naturales que prohíban el uso de las tecnologías para superar las limitaciones biológicas. Los seres humanos son libres de determinar su propio futuro.

T. Democrático: No hay límites evidentes, naturales o divinos que impidan el uso de las tecnologías de mejoramiento humano. Los seres humanos son libres de determinar su propio futuro, guiados por la razón prudente.

B. Luditas: La humanidad debe ser restringida por los tabúes divinos o ecológicos. El mejoramiento humano solo es posible dentro de la religión.

B. Social: El ser humano posee una condición (esencia humana) que es única e irrepetible. El humano como ser netamente social.

B. Progresista: No existen límites biológicos, pero si, consecuencias espirituales, sociales y ecológicas. Los derechos desde la ética de la amplitud, la participación de todos sin exclusión; y la ética de la profundidad, no excluir a las próximas generaciones, para que esta pueda en su momento decidir. Alcanzar el perfeccionamiento espiritual por medio del desarrollo de la fuerza interior, como ser integral en su dimensión tecno-bio-psico-social.

Ciudadanía:
Los transhumanistas asumen que todos los seres autoconscientes deben ser considerados ciudadanos con derecho a la vida, como vimos aquí se refieren a las superinteligencias artificiales, hibridas e incluso algunos incluyen a los simios y a los extraterrestres; y, a su vez, acusan de racistas a los bioconservadores por no aceptar los derechos de las futuras inteligencias no humanas.

Aquí existen tres puntos de vista bioconservadores:

Negación total, solo los humanos poseen alma, lo cual los hace criaturas trascendentes cuyo fin es la unión con Dios y este es el único camino a la felicidad.

Subordinación, los seres artificiales son solo máquinas, creadas por el hombre, que deberán responder a los intereses humanos.

Colaboración, una cosa es el estatus de persona como ser humano y otra, no hacer distinción entre una inteligencia humana y una artificial, así como las relaciones que se pueden establecer entre ambas; en principio basadas en la colaboración, pero que podrían llegar a ser muy similares a las que establecen los humanos entre si, y porque no, tal vez hasta mejores.

Resumen
Transhumanistas: No existe nada más allá del cuerpo y solo es posible perfeccionar al individuo por medio de las tecnologías.
Bioconservadores: El ser humano es intocable debido a su condición espiritual.

Critica al transhumanismo
Favorece la dependencia en una fuerza externa: la tecnología.
Se pierde la aspiración por un perfeccionamiento espiritual desde adentro (fuerza interior) por uno basado en las tecnologías.
Se impone una nueva creencia en la que se espera que la tecnología resuelva todos los problemas.
En general, se renuncia a la idea de un cambio de mentalidad (transformarse en un ser humano mejor: espiritual y socialmente) y se reduce a un cambio físico basado en las mejoras del cuerpo y del cerebro.

Problema socio-económico.

Potter propone, la búsqueda de soluciones al conflicto entre los más privilegiados y los menos privilegiados. Toda otra materia depende de este conflicto: el avance de los más privilegiados versus la lucha por la supervivencia.

El desafío de la igualdad por el mejoramiento tecnológico

T. Singularista: La tecnología al convertirse en una superestructura, llegará a desarrollarse como una superinteligencia artificial (superior a la humana) capaz de resolver los grandes problemas sociales que la inteligencia humana no ha podido resolver a lo largo del tiempo.

T. Liberal: El acceso a los mercados y a la igualdad jurídica es suficiente. Si se garantiza la igualdad jurídica y la mejora individual por medio de las tecnologías están disponibles en el mercado, es irrelevante la igualdad social y el gobierno no debe hacer nada para crear una sociedad más igualitaria.

T. Democrático: Las democracias deben trabajar hacia la igualdad social (reformas), y proporcionar acceso universal a las tecnologías de mejora.

B. Luditas: La igualdad puede ser garantizada por la prohibición de las tecnologías de mejora. Prohibir las tecnologías que puedan representar un peligro para la sociedad.

B. Social: Las democracias deben trabajar hacia la igualdad social (transformaciones). Hay que trabajar en la eliminación de la pobreza, el hambre, las pandemias y los desequilibrios insostenibles, productos del modelo neoliberal. Las tecnologías de mejora deben ser cuidadosamente analizadas y controladas y en muchos casos deben ser prohibidas ya que aumentaran las desigualdades

B. Progresista: Se debe trabajar en la igualdad social y el progreso humano realizando transformaciones sociales en la que humanos y tecnologías se conviertan en una superinteligencia colectiva capaz de alcanzar una superestructura tecnológica cooperativa. Se parte de que las tecnologías de mejora no son posibles en una estructura competitiva basada en el poder, las mejoras solo aumentaran la brecha entre los humanos.

Estructura del desempleo.

Los transhumanistas liberales siguen asumiendo que el mercado lo resuelve, si el gobierno evita la intromisión (del seguro de desempleo, los salarios mínimos, etc.) todos los trabajadores encontrarán nuevos puestos de trabajo, aunque con salarios más bajos. Para los transhumanistas democráticos, la riqueza y el ocio creado por la automatización debe ser compartido equitativamente por todos a través de una base de garantía de ingresos y la semana laboral más corta. Acusan a los bioconservadores, en el mejor de los casos, de proteccionistas al intentar proteger los empleos existentes; y en el peor de eco-luditas por querer dejar de adoptar la automatización y aspirar a una vida simple en armonía con la naturaleza.

Los transhumanistas le dan un enfoque conservador a los bioconservadores, cuando en realidad en el aspecto social son los transhumanstas los conservadores que aceptan las injusticias sociales mientras los bioconservadores son los que proponen transformaciones al sistema social existente. Tampoco es solución que la tecnología fomente el ocio sino en que fomente la creatividad, la justicia y el humanismo, sin excepción, deben tener más tiempo para dedicarse a actividades creativas y a su crecimiento espiritual. Y sobre todo la tecnología debe integrarse al

100

contexto humano sin provocar crisis, desempleo, desigualdad, pobreza e inestabilidad.

Globalización.
Para los transhumanistas la globalización es buena en si misma, los democráticos proponen que debe ir acompañada de los derechos de los trabajadores y la protección de las leyes ambientales, la gobernanza democrática mundial y de las corrientes de capital, pero... Sin abandonar los ideales transhumanista y dentro de una estructura social competitiva, basada en la ley del mercado. Para los bioconservadores la globalización de la economía debe ir acompañada de la globalización política y de una verdadera transformación social. Los bioconservadores extremistas (los llamados luditas) creen que la globalización debe ser detenida y regresar a una economía local, autosuficiente y a la soberanía política. Para Potter la ética actual, no ha podido resolver el dilema de la simple justicia que equilibra los derechos humanos en contra de la ganancia máxima de una minoría.

Resumen
Transhumanistas: Garantizar la igualdad jurídica y que las tecnologías de mejora estén disponibles
Bioconservadores: Trabajar en la igualdad social y en la prohibición de las tecnologías de mejora ya que van a producir desequilibrios insostenibles.

Critica al transhumanismo
Favorece la estructura actual de poder basada en la competencia del libre mercado.
No se propone llevar a cabo transformaciones sociales hacia una estructura colaborativa y de justicia social.
Lo que hará será aumentar la brecha tecnológica entre ricos y pobres.
En general, aceptan la estructura social actual basada en la competencia y la desigualdad, y asumen que con las tecnologías de mejora (las que en algún momento llegarán a estar al alcance de todos) podrán alcanzar un mundo mejor.

Problema bio-médico.

Potter propone que se debería colaborar con los eticistas sociales y demandar medidas sanitarias para los no privilegiados en el propio país y en el mundo en vías de desarrollo.

Libertad individual
T. Singularista: La aplicación de la tecnología siempre es buena. Se debe aplicar todo el potencial de las tecnologías sobre el ser humano en aras del progreso (Robot)
T. Liberal: El individuo es libre de elegir su propio futuro y nada puede impedir que se transforme por medio de las tecnologías. Vence la condición social. La libertad individual está por encima de la condición social (transhumano)
T. Democrático: El humano es un ser con limitaciones, propenso al sufrimiento y por medio de las tecnologías puede y debe mejorar su condición (Humano+)
B. Luditas: Prohibir la aplicación de las tecnologías en el ser humano. El ser humano es intocable debido a su condición espiritual (condición religiosa). Se limita la libertad individual para todos los casos.

B. Social: No siempre se puede aplicar todo el potencial en el ser humano, debido a los riesgos y a las implicaciones sociales (condición social). Se limita la libertad individual en la selección germinal y en biotecnología, pero no en el sexo y el aborto

B. Progresista: Se somete a la decisión individual no solo al mejoramiento biológico, por las tecnologías, o al desarrollo social, de unos pocos; sino, también, al crecimiento espiritual y a la evolución humana (Humano pleno). Desde el contexto actual de poder, no se puede decir que es lo mejor para toda la humanidad, sin excepción, ni tomar las decisiones que le tocan a las próximas generaciones.

Resumen
Transhumanistas: Cada cual es libre de aplicar las tecnologías de mejoras sobre si (Autonomía).

Bioconservadores: No se deben aplicar las tecnologías de mejora, ya que perderemos nuestra condición humana (Presupuestos antropológicos).

Crítica al transhumanismo
Favorece la ideología individualista por sobre la ideología colectivista.
Las mejoras individuales, en el fondo, persiguen ser superior a los demás.
Los que no se mejoren serán tratados como minusválidos.
Se asume que la biología humana es defectuosa y que es un derecho corregirlo sin tener en cuenta las implicaciones sobre la especie humana.

Problema eco-sostenible.

Potter se cuestiona: ¿Cómo alcanzar el éxito a corto plazo sin destruir la opción futura de supervivencia?

Protección ecológica:
T. Singularista: Las tecnologías, cuyo potencial es infinito, en un futuro serán capaces, con la nanotecnología, de reconstruir la materia y de ir sustituyendo lo natural por lo artificial. Evolución artificial

T. Liberal: Libre mercado. El mercado puede resolver todos los problemas ecológicos. El escenario de un futuro próspero donde la economía puede crecer indefinidamente sin tener en cuenta los límites del planeta.

T. Democrático: Una combinación de la regulación prudente y ecológicamente orientada a las tecnologías, pueden prevenir y reparar los daños ecológicos. Regulación de las tecnologías hacia lo ecológico, existe la "intención" de preservar al planeta.

B. Ludita: La humanidad debe dejar de ser el mayor depredador del planeta y abandonar radicalmente sus hábitos y costumbres. Conservar la evolución natural.

B. Sociales: Eco-socialismo: La causa del problema está en la apuesta por el crecimiento indefinido, lo que ha traído como consecuencia el agotamiento de los recursos del planeta siendo el sistema capitalista el responsable del deterioro del planeta y debe ser cambiado. Se debe controlar el crecimiento económico. Proteger la evolución natural.

B. Progresista: Necesidad de un enfoque evolutivo y sus consecuencias futuras. Determinar el futuro de forma evolutiva y no de forma radical en el presente, para que, no solo, responda a nuestros intereses actuales, lo cual puede perjudicar las decisiones futuras; al tomar decisiones que podrían ser irreversibles o que comprometan el futuro, y no dejar otra elección.

El dilema para Potter radica en cómo alcanzar los alimentos actuales y las fibras necesarias sin contribuir a las dificultades futuras al ignorar la necesidad para la diversidad biológica en el mundo natural En realidad, el problema no consiste en el retorno a la naturaleza y llevar una vida casi primitiva, ni tampoco en la conservación a ultranza de la naturaleza, los problemas de hoy son cada vez más complejos y requieren de soluciones transdisciplinares, los humanos son responsables de los problemas que enfrentamos y la protección del planeta es el principio fundamental de la vida.

Resumen
Transhumanistas: La tecnología cuyo potencial es infinito, será capaz de reconstruir la materia y de ir sustituyendo lo natural por lo artificial.
Bioconservadores: En lugar de una actitud egocéntrica y consumista hay que ir a la responsabilidad con el planeta y al compromiso con las próximas generaciones. Desarrollo sostenible

Critica al transhumanismo
Favorece la irresponsabilidad y el deterioro del planeta (este puede ser reconstruido).
Se fomenta la sustitución de los recursos naturales por los artificiales. El problema se reduce en quien es más rápido: la destrucción o la reconstrucción.
En general, se quiere sustituir la evolución natural por una evolución artificial que dé lugar a una nueva especie poshumana y, por supuesto, a la destrucción del planeta natural y la reconstrucción de uno artificial. Pienso, ¿no sería más lógico construir, entre todos, un planeta artificial fuera de la Tierra?

Problema tecno-científico
Potter, haciendo referencia a la medicina, se pregunta, ¿cuándo no aplicar toda la tecnología disponible?

Riesgos tecnológicos:
T. Singularistas: El progreso tecnológico es la única solución (imperativo tecnológico) y debe ser acelerado. Advenimiento de una singularidad tecnológica.
T. Liberal: La tecnología es incontrolable, cualquier intervención del gobierno siempre trae consecuencias imprevistas. Los riesgos son manejables sin el gobierno (resignación)..
T. Democrático: Los riesgos son manejables con la ayuda de la supervisión democrática y la gestión (regulación)
B. Luditas: Los riesgos son tan enormes y desconocidos y las instituciones reguladoras no son confiables, por lo que la mejora debería ser prohibida (renuncia)
B. Social: Las tecnologías deben ser controladas y en caso de duda deben ser prohibidas (precaución).
B. Progresista: Se pretende que las tecnologías sean asequibles a todos, pero, antes, hay que erradicar la pobreza. Se necesitan cambios sociales e individuales que modifican nuestra mentalidad actual. Se pueden alcanzar logros alternativos sin contaminación o degradar al planeta y a la propia naturaleza humana. Es necesario saber manejarse con la tecnología y crear una superestructura tecnológica sostenible que se integre armónicamente al contexto humano y no lo invada de forma negligente con fines hegemónicos o de riquezas.

Resumen

103

<u>Transhumanistas</u>: El progreso tecnológico es la única solución viable por lo que es imprescindible, desarrollar, acelerar y aplicar todo el potencial tecnológico cuanto antes y pasar a una superestructura tecnológica.

<u>Bioconservadores</u>: Los riesgos son enormes y desconocidos. Se debe controlar el desarrollo tecnológico teniendo en cuenta su impacto sobre la sociedad y las consecuencias que tendrá sobre el individuo. Conservar la estructura tecnológica.

<u>Critica al transhumanismo</u>
Favorece el surgimiento de una superestructura tecnológica basada en la competencia y el individualismo.

Las superinteligencias que surjan se integrarán al contexto actual basado en el poder y se convertirán en otro competidor

Subordinación del progreso humano al progreso tecnológico.

En general se propone una superestructura tecnológica poshumana donde la vida, como la conocemos hoy, dejará de existir.

En el pasado el hombre estaba desencantado con el mundo en la actualidad (posmodernidad) el hombre se está cuestionando los límites de su condición humana y si las tecnologías pueden venir en su ayuda. Hoy los tecnologistas confunden el progreso tecnológico con el progreso humano, por lo que es necesario estar consciente, que el progreso tecnológico no es el progreso humano; aunque existe una relación entre ambos, no se puede reducir el progreso humano al tecnológico; porque dejaremos de ser sujetos, creadores del progreso humano, para convertirnos en objetos, creaciones del progreso tecnológico.

En un futuro el progreso en general tendrá que ser compartido con la tecnología, la cual será, la impulsora del progreso tecnológico, en cambio el progreso humano, es la responsabilidad, primordial, del ser humano; independientemente que las tecnologías colaboraran en ese progreso. La esencia del problema radica en que el ser humano no puede dejar de creer en sí mismo y abandonar su propio progreso en aras de otro que le es ajeno y que inexorablemente ira deshumanizando y poco a poco, ira alejando de su propio contexto humano, hasta convertirlo en un artefacto, en un producto más de la tecnología.

Por otra parte, la ideología transhumanista con sus promesas tecnologistas, podrían acomodar al ser humano a esperarlo todo desde afuera y a no querer superarse a sí mismo ni a desarrollar sus propias fuerzas, se convertirán en seres dependientes de las tecnologías y dejaran de perfeccionarse espiritualmente (habrán perdido la necesidad de superar sus limitaciones por sí mismo), cuando estamos seguros que el ser humano, aún, no ha desarrollado todo su potencial.

En realidad, los transhumanistas parten de su "comprensión" de lo que es humano y de sus expectativas de lo que sería un humano mejor y definen su propia cosmovisión sobre el futuro y como sujetos inmersos en su ideal conforman su propia interpretación del futuro del hombre, ignorando las necesidades humanas de los menos favorecidos (como decía Potter) e incluso a las generaciones que están por venir. Esto se debe a que la ideología transhumanista cree que todos los problemas sociales se van a resolver mejorando al humano desde afuera, por medio de la tecnología, lo cual es característico en su visión tecno-individual que pone a las relaciones sociales (basadas en el tener) en función de los intereses individuales y por otra parte minimiza al ser y lo convierte en dependiente o sumiso a las fuerzas externas. Hoy la tecnología se ha convertido en la nueva fuerza alienante.

La solución no está en negar el progreso tecnológico, incluso en aplicar la prudencia ante una investigación determinada, pienso que el problema está en saber manejarnos con las tecnologías, como dijo Potter, en saber manejarnos con los nuevos conocimientos, y es tiempo de aceptar nuestra dimensión tecnológica, en realidad somos seres tecno-bio-psico-sociales. El problema está en que entendemos por progreso humano y como pueden las tecnologías emergentes (como superinteligencias) integrarse de forma colaborativa (y no como un competidor más) en los objetivos del progreso humano y no al revés, como asumen los transhumanistas.

Y es que para los transhumanistas los presupuestos tecnológicos, llevarán a una relación humano-tecnologías basados en la competencia y tendrá consecuencias negativas para la especie humana al asumir al progreso tecnológico como determinante del progreso humano. Por otra parte, la relación humano-tecnología nos obliga a tomar consciencia de los problemas que estamos enfrentando y su dimensión tecno-bio-psico-social, y que se agudizarán de no asumirlos en el marco de una bioética global orientada al futuro

Desde el presente, es necesario asumir y promover la idea de una bioética global como puente entre el progreso humano y el progreso tecnológico como alternativa a los enfrentamientos que se avecinan y trabajar en aras de un futuro sostenible que permita formar generaciones cada vez mejores basadas en la manifestación plena del ser humano.

La humanidad se ha quedado sin ideología (vació espiritual), sin una visión alentadora del futuro que nos guie hacia un mundo mejor, sin perder nuestra condición humana. Hoy más que nunca se necesita de una ideología humanista que represente los verdaderos ideales de la humanidad, basada en principios éticos universales y que su fin sea la plena manifestación del ser como creador, que vive en armonía "con todos y para el bien de todos".

Bibliografía

Acosta Sariego, José R. La bioética de Potter a Potter, en: Acosta, JR (Ed.) Bioética para la sustentabilidad. Acuario, La Habana, 2002.

Acosta Sariego, José R. Los árboles y el bosque. Texto y contexto bioético cubano", en publicaciones Acuario, Centro Félix Valera, la Habana, 2009.

Amer, Paul, La inteligencia artificial: crítica y anticrítca, Pensamiento Crítico.1969 Julio No.30.

Asociación transhumanista internacional, ¿Qué es el transhumanismo? www.**transhumanismo**.org/articulos/**transhumanismo**.htm

Bostron, Nick: ¿Qué es el transhumanismo? http://www.transhumanism.org/index.php/WTA/more/151/

Bostrom, N. (2014). Superintelligence: Paths, Dangers, Strategies. Oxford University Press.

Bustamante, Javier, Sociedad informatizada: ¿Sociedad deshumanizada?

Década por una educación para la sostenibilidad. Tecnologías para la sostenibilidad. http://www.oei.es/decada/accion003.htm

Delgado, Carlos J. Hacia un nuevo saber. La bioética en la revolución contemporánea del saber, en publicaciones Acuario,Centro Félix Valera, la Habana, 2011.

Faggioni, Mauricio. Transhumanismo. Volar más allá de la naturaleza humana http://www.antonianum.eu/public/pua/dispense/1.%20M.%20Faggioni.pdf

Fromm, Erich, Ética y psicoanalisis, Fondo de Cultura Económica, México, 1992.

Fukuyama, Francis. El transhumanismo. http://www.infofilosofia.info/modules.php?name=News&file=print&sid=237

González, Graciano, El imperativo tecnológico: una alternativa desde el humanismo, Centro de Bioética Juan Pablo II.

González Melado, Fermín. Transhumanismo (Humanity+). La ideología que nos viene.http://ferminjgm.files.wordpress.com/2011/01/rev_pax_emerita_6_205-228.pdf

Instituto para la Ética y las Tecnologías Emergentes, "Quick overview of biopolitical points of view", en internet: http://ieet.org/index.php/IEET/biopolitics

Kripalani, Krishna, Cuatro ensayos sobre Tagore, Consejo Nacional de Cultura. La Habana, 1961.

Kurzweil, Ray, La era de las máquinas espirituales, Planeta 2000.

Kurzweil, Ray,The Singularity is Near:When Humans Trascend Biology. Londres, Inglaterra: Penguin Group.2005

López de Mántaras, R., "El futuro de la IA: hacia inteligencias artificiales realmente inteligentes", en ¿Hacia una nueva Ilustración? Una década trascendente, Madrid, BBVA, 2018.

Madruga, Alejandro, ¿Poshumanismo o poshumanidad? Ensayos Modernidad. Postmodernidad. Editorial Ciencias Sociales, 1998.

Madruga, Alejandro "Ética y Tecnología". Revista Bioética del Centro Juan Pablo II, 2012, Enero – Abril. En Internet:http://www.cbioetica.org/revista/101/101-1417.pdf

Marx, Carlos, Trabajo alienado, en Varios autores: La soledad del hombre.

Minsky, Marvin, ¿Serán los robots los herederos del planeta?". Revista América Científica, 1995.

Mitchell, Ben y Kilner, John F. Humanos reconstruidos: Los nuevos utópicos versus un futuro verdaderamente humano. http://cbhd.org/node/257

OEI: De la emergencia planetaria a la construcción de un futuro sostenible. http://www.oei.es/decada/expoahtml.htm

Potter, Van, R. Bioética puente, bioética global y bioética profunda., en el Centro de Bioética Juan Pablo II

Roco, Mihail C. and Bainbridge, William Sims, eds. (2002). Converging Technologies for Improving Human Performance. www.wtec.org/

UNESCO. *"Declaración universal sobre Bioética y Derechos Humanos"*. Actas de la Conferencia General. 33a reunión, París, 3-21 de octubre de 2005.

Varela, F. J., *Conocer: las ciencias cognitivas, tendencias y perspectivas.* Gedisa, Barcelona, 1998, 1990.

Vernor, Vinge, 1994, La singularidad tecnológica, Revista electrónica Axxon 1994, oct., No.61

Weizembaum, Joseph, 1978, La frontera entre el ordenador y la mente.Ediciones Pirámide, S.A. Madrid.

Wiener, Norbert, Cibernética y Sociedad, Consejo Nacional de Ciencia y Tecnología, México, 1981.

Wiener, N. *Cibernética o el control y comunicación en animales y máquinas,* Tusquets Editores, Barcelona, 1998, 1985.